C+PARTNERS

ARCHITETTURA E PAESAGGI
DELLA PRODUZIONE
ARCHITECTURE AND LANDSCAPES
OF PRODUCTION

Indice/Index

photo by
Arianna Scaglione

6 | **EDITORIALE**/EDITORIAL
Pino Scaglione

PROGETTI/**PROJECTS**

10 | **MB SPA**
Edificio industriale con uffici
Industrial building with offices

20 | **LA NORDICA SPA**
Edificio industriale per servizi
Services industrial building

24 | **IMMOBILIARE CINQUE.GI S.A.S.**
Edificio artigianale e direzionale
The workshop and the office building

28 | **CANTINA BEATO BARTOLOMEO**
Riqualificazione edificio commerciale
Refurbishment of a commercial building

34 | **GOLF PROMOZIONI SPA**
Studio Masterplan

36 | **EXTRAFLAME SPA**
Edificio industriale con uffici
Industrial building with offices

40 | **ARTIMECC SRL**
Uffici interni
Internal offices

46 | **TESSPORT SPA**
Edificio industriale con uffici
Industrial building with offices

50 | **A.E.G. SRL**
Edificio industriale con uffici
Industrial building with offices

58 | **ENERGONUT**
Ricomposizione architettonica del termovalorizzatore
Architectural reconstruction of an incinerator

64 | **SIRMEC SRL**
Edificio industriale con uffici
Industrial building with offices

72 | **VALEX SPA**
Edificio industriale con uffici
Industrial building with offices

| 76 | **LA NORDICA SPA / EXTRAFLAME SPA**
Edificio industriale
Services industrial building

| 84 | **GAS JEANS**
Showroom interno
Internal showroom

| 90 | **AUTOBASSANO SRL**
Riqualificazione edificio commerciale – Autosalone
Redevelopment of the commercial building – Car showroom

| 96 | **ROSABIANCA**
Ristrutturazione bar - Locanda
Redevelopment of a bar - Inn

| 104 | **AUTOSTIMA SRL**
Riqualificazione edificio commerciale – Autosalone
Redevelopment of the commercial building – Car showroom

| 110 | **21 PARTECIPAZIONI HOLDING SRL**
Edificio commerciale / Direzionale
Commercial/Directorate building

| 116 | **DAL ZOTTO SPA**
Ampliamento edificio industriale con uffici e riqualificazione dell'esistente
Industrial building and offices extension and upgrading of the existing premisses

| 128 | **TELWIN SPA**
Edificio industriale
Industrial building

| 142 | **GALVAUTO SPA**
Edificio commerciale – Autosalone
Commercial building – Car showroom

| 150 | **MAIR RESEARCH SPA**
Edificio direzionale e restyling esterno dell'edificio produttivo
Directory building and external restyling of the production building

| 160 | **PROGETTO GUIDA SICURA/SAFE DRIVING PROJECT**
Progetto di recupero di una ex cava
Project of reuse of a former pit

| 162 | **VALEX SPA**
Edificio industriale
Industrial building

| 172 | **MAVEL S.N.C.**
Edificio artigianale con uffici
Craftsmanship building with offices

| 176 | **COSTRUZIONI SACCARDI S.C.A.R.L.**
Edificio artigianale con uffici
Craftsmanship building with offices

| 180 | **TELWIN SPA**
Ampliamento edificio industriale con uffici e riqualificazione dell'esistente
Industrial building and offices extension and upgrading of the existing premisses

CONCORSI/COMPETITIONS

| 188 | **CIMITERO DI GOZZANO/CEMETERY OF GOZZANO**
Concorso di idee per l'ampliamento del cimitero di Gozzano
Contest of ideas for the expansion of the cemetery of Gozzano

| 190 | **NUOVA PIAZZA DI CALDOGNO/NEW CALDOGNO SQUARE**
Concorso di idee per la realizzazione di due piazze
Ideas competition for the construction of two squares

| 192 | **CAMPUS DEI LICEI/HIGH SCHOOL CAMPUS**
Concorso di progettazione per il disegno degli spazi aperti e per la realizzazione di un nuovo auditorium e di un edificio per servizi
Design competition for the design of open spaces and for the construction of a new auditorium and a service building

FOTOGRAFIA-ARTE/PHOTOGRAPHY-ART

| 198 | **PAESAGGI URBANI**
URBAN LANDSCAPES
Giustino Chemello

| 206 | **LO SPAZIO SOSPESO DELL'ARTE VERSO L'ARCHITETTURA**
THE SUSPENDED SPACE OF ART TOWARDS ARCHITECTURE
Arcangelo Sassolino

C + Partners

Diego Chilò, Fabio Calore e Roberto Girardin iniziano la loro collaborazione nella seconda metà degli anni '80, occupandosi di progettazione industriale e direzionale, assieme a temi più comuni e diffusi come il residenziale e l'architettura degli interni. Nei loro progetti, legati al mondo produttivo e aziendale, si concentrano sulla prefabbricazione, sull'uso di materiali, tecniche costruttive e tecnologie innovative, estendendo i loro interessi anche a problematiche legate al risparmio energetico e al benessere psicofisico delle persone negli ambienti di lavoro. Nel corso degli anni hanno avuto modo di confrontarsi, in alcuni dei loro progetti, anche con altri progettisti, tra i quali Fiorenzo Valbonesi, Tobia Scarpa, Afra Bianchin e Giandomenico Cocco.

Numerose riviste di settore, tra cui Area, L'Arca, ABCD, Acciaio Arte Architettura, A+D+M, Gran Bazar, Industria Vicentina, Modulo, OF ARCH e Precast dedicano loro ampi servizi su diversi interventi. Lo sviluppo dei progetti industriali è testimoniato dalle pubblicazioni a carattere monografico *"Un'architettura industriale. Sviluppo di un progetto"* (1994), *"Mair projet 02"* (2002) e *"Diego Chilò, Fabio Calore e Roberto Girardin. Architetture Industriali"* (2005).

Le opere presenti nel libro sono state pubblicate su: Industria Vicentina n° 1/95, marzo 1995; Precast n° 3/1996, luglio 1996; L'Arca n° 169, aprile 2002; ABCD n° 3, maggio-giugno 2002; Area n° 75, luglio-agosto 2004; Acciaio Arte Architettura n° 18, marzo 2004; Architectural Envelopes – Edition 2003 della Permasteelisa Group; Interiors - Edition 2003 della Permasteelisa Group; OF ARCH n° 89, marzo-aprile 2006; Modulo n° 322, giugno 2006; Ingegneri e Costruttori n° 10/2006, ottobre 2006; Acciaio Arte Architettura n° 30, giugno 2007; A+D+M n° 16, giugno 2008; Acciaio Arte Architettura n° 37, marzo 2009.

Alcune opere sono state selezionate per la mostra *"Architetture d'impresa edifici industriali nella provincia di Vicenza 1998-2008"* e il progetto "Telwin spa" è stato segnalato dalla giuria del *"Premio Internazionale Dedalo-Minosse 2005/2006 alla committenza di architettura"*.

Diego Chilò, Fabio Calore and Roberto Girardin started their collaboration in the mid 80s, dealing with industrial and office design, along with the most common and popular project types such as the residential and the interior architecture. In their projects, related to the production and the corporate world they are focused on prefabrication, use of materials, construction techniques and innovative technologies, extending their interests also on the energy saving issues and the psycho-physical well-being of people at their workplace. Over the years, in some of their projects, they have had an opportunity to meet other designers, including Fiorenzo Valbonesi, Tobia Scarpa, Afra Bianchin and Giandomenico Cocco.

Numerous journals of this field, amongst which Area, L'Arca, ABCD, Acciaio Arte Architettura, A+D+M, Gran Bazar, Industria Vicentina, Modulo, OF ARCH and Precast have published plenty of articles about various projects performed by them. The development of their industrial projects is presented in the publications of a monographic character *'Un'architettura industriale. Sviluppo di un progetto'* (1994), *'Mair projet 02'* (2002) and *'Diego Chilò, Fabio Calore e Roberto Girardin. Architetture Industriali'* (2005).

The works found in the book have been presented in: Industria Vicentina n° 1/95, March 1995; Precast n° 3/1996, July 1996; L'Arca n° 169, April 2002; ABCD n° 3, May- June 2002; Area n° 75, July-August 2004; Acciaio Arte Architettura n° 18, March 2004; Architectural Envelopes – Edition 2003 of Permasteelisa Group; Interiors - Edition 2003 of Permasteelisa Group; OF ARCH n° 89, March-April 2006; Modulo n° 322, June 2006; Ingegneri e Costruttori n° 10/2006, October 2006; Acciaio Arte Architettura n° 30, June 2007; A+D+M n° 16, June 2008; Acciaio Arte Architettura n° 37, March 2009.

Some works have been selected for the exhibition *"Architetture d'impresa edifici industriali nella provincia di Vicenza 1998-2008"* and the project 'Telwin spa' was recommended by the jury of the *'Premio Internazionale Dedalo-Minosse 2005/2006 alla committenza di architettura'*.

Diego Chilò (Thiene 1957). Dopo la maturità tecnica frequenta per alcuni anni lo IUAV ed inizia la libera professione nel 1984. Oltre che di architettura si occupa di industrial design collaborando con aziende nazionali ed internazionali. Nel 2007 il progetto Lapis è segnalato all'Innovation and Design Award al LivinLuce EnerMotive di Milano, nel 2013 Acqualuce vince il Good Design Award -Lighting del Chicago Athenaeum e il progetto Timber è tra i vincitori del concorso "Nutrire il futuro – energie dalla tradizione" per Expo 2015. Nel 2012 è impegnato nella ricerca "Smart design 4 Smart city". Ha esposto presso Galleria Galica (MI), Musei Civici di Venezia, Triennale di Milano, Palazzo Firmian (TN), Expo 2015 e Chiesetta dell'Angelo di Bassano del Grappa (VI). Ha collaborato e collabora con la facoltà di industrial design di Firenze e con il prof. Pino Scaglione per seminari workshop presso il corso di architettura del DICAM, Unitn. Il percorso personale è esposto in diverse pubblicazioni, tra le quali la monografia "Diego Chilò designer" (Idea s.r.l. 2005), il volume "Nel vetro c'è" (Editrice Compositori 2010) e il libro "design maker" (List lab 2014), mentre diversi progetti e profili sono pubblicati nelle più importanti riviste di settore.

After completing a technical high school for a few years attended the IUAV university and has been self employed since 1984. Other than architecture he also works on industrial design with national and international companies. In 2007 his project Lapis was commended by the Innovation and Design Award at Fiera LivinLuce EnerMotive in Milan. In 2013 his project Acqualuce won the Good Design Award - Lighting, awarded by Chicago Athenaeum. Project Timber was selected as one of the winners of the competition 'Sustain the future - traditional sources of energy' and was displayed at Expo 2015. 2012 he spent doing the research for the 'Smart design 4 Smart city' project. His works have been displayed at Galleria Galica (MI), Musei Civici di Venezia, Triennale di Milano, Palazzo Firmian (TN), Expo 2015 and Chiesetta dell'Angelo of Bassano del Grappa (VI). He has collaborated with the Industrial Design Faculty of the University of Florence and with prof. Pino Scaglione on workshop's seminars for the architecture course of DICAM, University of Trento. His work biography has been presented in various publications, amongst which the monograph 'Diego Chilò designer' (Idea s.r.l. 2005), book 'Nel vetro c'è'(Editrice Compositori 2010) and book 'design maker' (List lab 2014), while various projects and articles have been published in the most prominent journals in his work field.

Fabio Calore (Thiene 1963). Esercita la libera professione, dopo aver ottenuto la maturità tecnica, dal 1987. Si occupa di architettura a cui associa l'interesse per la progettazione di giardini e degli spazi aperti strettamente connessi all'edificio. Per il Collegio Geometri e Geometri Laureati della provincia di Vicenza dal 2010 è membro della Commissione Liquidazione Parcelle e dal 2014 è consigliere della Fondazione.

He has been self employed ever since completing a technical high school in 1987. Specialises in the architecture of gardens and other open spaces surrounding buildings. Has been a member of the Plots Settlement Commission For the Surveyors Board and Surveyor Graduates of the province of Vicenza since 2010 and has been acting as an advisor of the Foundation since 2014.

Roberto Girardin (Piovene Rocchette 1961). Si laurea in architettura, presso lo IUAV di Venezia, nel 1986 con una tesi sul restauro architettonico. Esercita la libera professione dal 1987.

Obtained a BA in Architecture from the IUAV of Venezia, in1986 with a final year project related to architectural restoration. Has been self employed since 1987.

Nota Editoriale / Editorial Note

Monograph.it.arch è la pubblicazione - sotto forma di libro - rivista - ideata come prodotto specifico per il mondo del progetto e della ricerca nei campi del paesaggio, architettura, città e industrial design. Attraverso flessibilità di contenuti e formato, manifesta interesse e obiettivo nel divulgare originali e interessanti produzioni progettuali. Un modello di attività divulgativa - della rivista/monografia e della casa editrice - che intende valorizzare progetti e progettisti, e al contempo basarsi su potenzialità e innovazioni dell'esperienza progettuale della cultura italiana, a confronto con quella internazionale. Agendo sull'incrocio tra iniziative della professione e orizzonti di ricerca, con una forte proiezione al futuro, per convergere sui temi della conoscenza e del progetto di architettura, della città e del paesaggio attraverso idee, proposte, realizzazioni, contributi disciplinari, di metodo, nonché percorsi culturali e formativi.

Monograph.it.arch, struttura aperta di pubblicazione internazionale bilingue, attinge, in ogni diversa occasione, ad una ampia e composita comunità progettuale e scientifica, la più disponibile al confronto e crescita, allo scambio, ricca di opportunità di interdisciplinarietà e approcci interscalari. La pubblicazione si organizza secondo una parte introduttiva, con saggi teorici e interviste che aiutano a comprendere e sviluppare il dibattito sul contenuto specifico oggetto della monografia. Poi un apparato di progetti, proposte ed elaborazioni, immagini, a cura degli autori, italiani e stranieri, che seguono per delineare e descrivere la parabola progettuale. Una parte - centrale o finale - è dedicata ad una panoramica cronologica sui progetti, gli edifici, le proposte e le pubblicazioni di interesse intorno agli autori pubblicati. Così come - in alcune occasioni - il "saggio fotografico" ha per oggetto lo sguardo sulle trasformazioni dei luoghi della contemporaneità o frutto di riflessioni da parte di altre discipline, arte, grafica, cinema, scultura.

Ognuna delle pubblicazioni, per formato e grafica, ha un suo stile riconoscibile e adeguato al contenuto, e ogni volta le diverse personalità sono riconoscibili sia per il contenuto che per la forma del contenitore.

Monograph.it.arch is the magazine - book conceived specifically for the world of design and research in the fields of landscape architecture, urban planning and industrial design. Through a flexible content and format it aims at spreading the most original and interesting productions. A model that applies both to the magazine/monograph and the publishing house that, at the same time, gives value to the projects and the designers and is based on the potentialities and innovations of the original and interesting Italian design experiences, comparing them with the international production. It describes the meeting point of the professional initiatives and the research horizons that are projected into the future, able to involve the themes of knowledge and of the project of architecture, of the city and of the landscape through ideas, proposals, constructions, contributions and cultural and formative paths.

Monograph.it.arch, as a bilingual international publication, has an important open structure that makes use of a broad and composite design and scientific community, the most open to debate, growth and exchange, rich in interdisciplinary opportunities and interscalar approaches. The pubblication's structure has an introduction that, through theoretical essays and interviews, help the understanding and the development of the debate around the content of the monograph. A rich collection of projects, proposals, images by Italian and international authors follows to define and describe the process of the project. A central or final section is dedicated to a chronological overview of the projects, the buildings, the proposals and the relevant publications of the authors. Sometimes, the "photographic collection" looks at the transformation of contemporary places and can also be triggered from other disciplines, such as art, graphic design, cinema, sculpture and so forth.

Every single volume has its very own recognizable style, with a different size and graphic design that is adequate to its contents, so that the different personalities are recognizable both for the content and for the form of the container.

photo by
Arianna Scaglione

di/by Pino Scaglione

Diego Chilò, Fabio Calore, con Roberto Girardin, costituiscono lo studio C+Partners, progettisti, architetti e designer impegnati da tempo in un percorso di significative esperienze qui descritte. Dagli inizi della loro carriera, animati da un costante desiderio di accrescere le loro esperienze, hanno condotto progetti, ricerche, percorso diverse strade dell'architettura e della sperimentazione intorno ad essa.

Si occupano di differenti scale della progettazione, tra architettura e industrial design, legando il loro nome principalmente al mondo produttivo e aziendale. Progetti di prefabbricazione, materiali e tecnologie innovative, sensibilità ai materiali, al comfort, alla qualità dello spazio di lavoro, sono caratteristiche costanti di questo studio. Tra i progetti di edifici industriali si segnalano strutture impegnative sia dal punto di vista della dimensione che della definizione di nuove modalità e funzioni organizzative. Tra quelli di design - seguiti in particolare da Diego Chilò - realizzati per aziende importanti - come Sirrah, Prandina, Mareco Luce, Ono luce, Andromeda International, Marinocristal, Panzeri, Leucos, Venini, Carlo Moretti - oggetti e illuminotecnica sono in prevalenza il focus delle ricerche di C+Partners.

Un percorso significativo che fa riflettere sugli esiti di questa intensa produzione, proprio li dove sperimentazione, curiosità costante ed esperienza hanno prodotto architetture intelligenti, originali e accoglienti, in un settore delicato come il mondo della produzione, dell'industria, dell'artigianato.

Dello studio C+Partners questa intensa monografia raccoglie i più importanti lavori, nel tentativo di far emergere ed evidenziare temi e orientamenti che segnano questo sodalizio in maniera significativa nel panorama del nord est italiano, soprattutto con una cifra riconoscibile: la fusione fra attenzione al progetto, sperimentazione, innovazione, la sensibilità verso temi difficili, la capacità di conferire senso e significato allo spazio progettato, alle persone che lo abitano, alla durata e al rapporto con il contesto.

segue a pagina 32

Diego Chilò, Fabio Calore, with Roberto Girardin, are the C+Partners studio, designers and architects who have long been involved in a journey of significant experiences described here. From the beginnings of their career, animated by a constant desire to increase their experiences, they conducted projects, researches, and paths of different way of architecture and experimentation around it.

They deal with different scales of architectural design, between building and industrial product, linking their name primarily to the manufacturing and production world. Prefabrication projects, innovative materials and technologies, the sensitivity of material, comfort, and quality of work space are constant features of this study. Between the industrial buildings projects are important for the size and the definition of new modes and organizational functions. The objects and light are the focus of C+Partners, design researches and products - especially with the care of Diego Chilò - made for important companies, such as Sirrah, Prandina, Mareco Luce, Ono light, Andromeda International, Marinocristal, Panzeri, Leucos, Venini, Carlo Moretti.

A significant path that makes we think on the results of this intense production, where experimentation, constant curiosity and experience have produced intelligent, original and welcoming architectures in a delicate industry such as the world of production, industry and handicrafts.

Of the C+Partners studio, this intense monograph collects the most important works in an effort to highlight issues and orientations that mark this partnership in the northeastern Italian landscape, above all with a recognizable focus: the merger of attention to the project, experimentation, innovation, sensitivity to complex topics, the ability to give meaning and meaning to the designed space, at the people living there, duration and relationship with the context.

continue at page 32

MB SPA
EDIFICIO INDUSTRIALE CON UFFICI
INDUSTRIAL BUILDING WITH OFFICES

FARA VICENTINO (VI), ITALY

Diego Chilò, Fabio Calore, Roberto Girardin
committenza: MB S.p.a., Fara Vicentino (VI); area: 6200 mq; intervento: sup. coperta 2070 mq, sup. sviluppata 2570 mq; consulenti: Adolfo Greselin, Alessandro Stella, Andrea Massagrande, Darik Gastaldello, Giancarlo Gasparotto, Maurizio Sonda, Roberto Trevisan, Walter Todesco; anno: 2012-2014

Diego Chilò, Fabio Calore, Roberto Girardin
customer: MB S.p.a., Fara Vicentino (VI); area: 6200 smq; work: covered area 2070 sqm, developed area 2570 sqm; consultants: Adolfo Greselin, Alessandro Stella, Andrea Massagrande, Darik Gastaldello, Giancarlo Gasparotto, Maurizio Sonda, Roberto Trevisan, Walter Todesco; year: 2012-2014

Nuove scelte che riflettono il desiderio di ripensare la propria attività attorno ad uno sfondo naturale e riconoscibile come valore integrante dell'azienda è il percorso che, dal 2010 diventa non solo obbligatorio, ma indispensabile. Ripensare in modo naturale con una visione attenta all'ambiente, induce i nuovi progetti a semplificare i valori estetici per valorizzare l'efficienza e i valori ambientali.
Ambiente, accessibilità, architettura, sono le sfide da affrontare nei nuovi progetti per valorizzare anche le aree e i fabbricati produttivi e per ridare valore anche a quelle parti anonime di tessuti industriali realizzati negli anni precedenti.
La necessità di ampliare il preesistente edificio produttivo creando nel contempo uno spazio esterno protetto in cui collaudare i prodotti, la sagoma irregolare del lotto a disposizione nonché l'esigenza di realizzare una nuova palazzina direzionale che desse lustro ad una giovane azienda in rapida espansione, diventano le indicazioni di base del progetto. Una forma semplice in aderenza all'esistente dove i due elementi che la compongono diventano rispettivamente la parte produttiva e la parte direzionale. La prima, per la parte produttiva, riprende le preesistenti strutture (prefabbricate) per darne continuità (anche dal punto di vista dell'immagine) mentre la seconda, per la parte direzionale, si caratterizza, dal punto di vista architettonico, come un grande segno orizzontale contrapposto alla verticalità dei retrostanti capannoni.
Una forma architettonica semplice e leggera composta da due parallelepipedi sovrapposti di dimensioni diverse in cui le facciate poste a sud ed a ovest vengono smaterializzate in modo da far apparire l'edificio come due semplici scatole di vetro segnate solo da sottili lame orizzontali, appoggiate alle colline circostanti.

Making new choices, coming from the desire to re-invent one's business around a background that is natural and recognizable as an integral value of the company, is the path that, from 2010 becomes not only mandatory, but also indispensable. Adopting a naturalistic way of thinking, with a vision careful of the environment, induces new projects aiming to simplify the aesthetic values in order to enhance the efficiency and environmental values. Environment, accessibility and architecture are some of the challenges to be addressed in new projects aiming to enhance also the production areas and buildings and also to give value to those anonymous parts of industrial complexes made in previous years. The need to expand the existing production building while creating a protected outdoor space in which to test products, the irregular shape of the lot available and the need to build a new office building that would give prestige to a young and rapidly expanding company, become the basic guides of the project. The form chosen was simple, fitting in the existing one where the two elements that compose it become respectively the production and the office parts. The first, belonging to the production part, takes on from the pre-existing structures (prefabricated) to give them continuity (also from the point of view of image) while the second, for the office part, is characterized, from an architectural point of view, as a large horizontal sign contrasted with the verticality of the warehouses behind.
The architectural form is simple, lightweight, consisting of two overlapping parallelepipeds of different sizes in which the façades facing south and west are de-materialized in order to make the building appear like two simple glass boxes marked only by thin horizontal blades, resting on the surrounding hills.

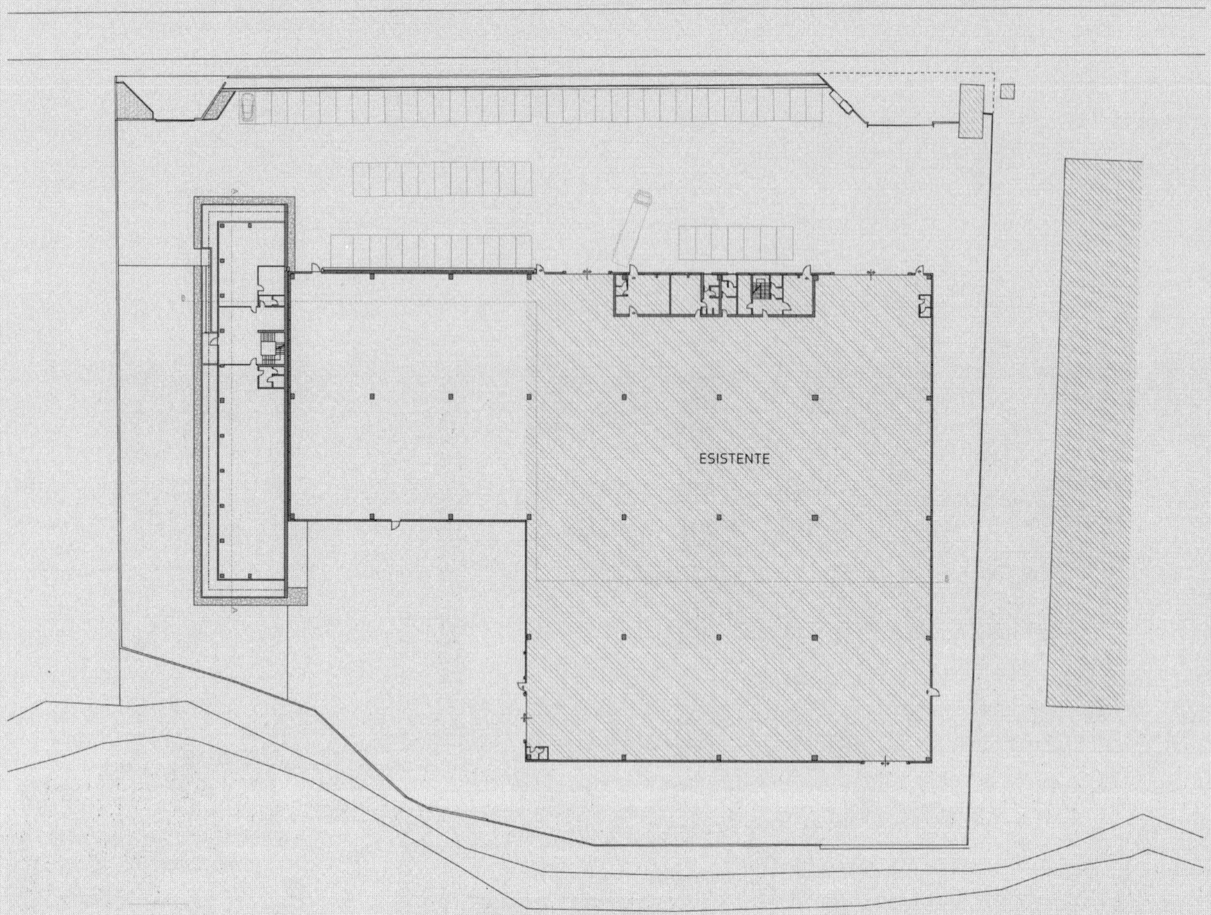

ESISTENTE

PIANO TERRA   0 5 10 15

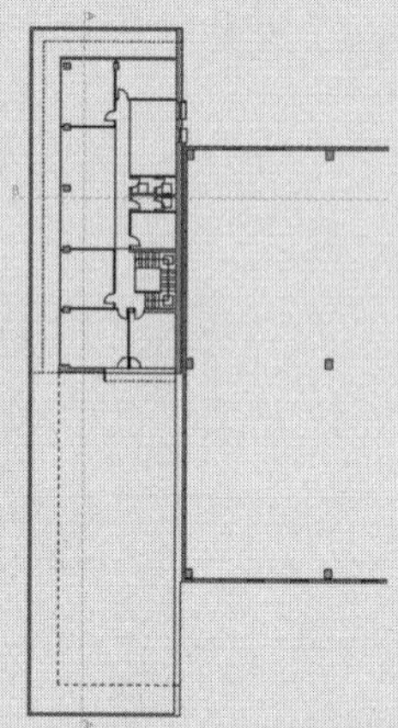

PIANO PRIMO

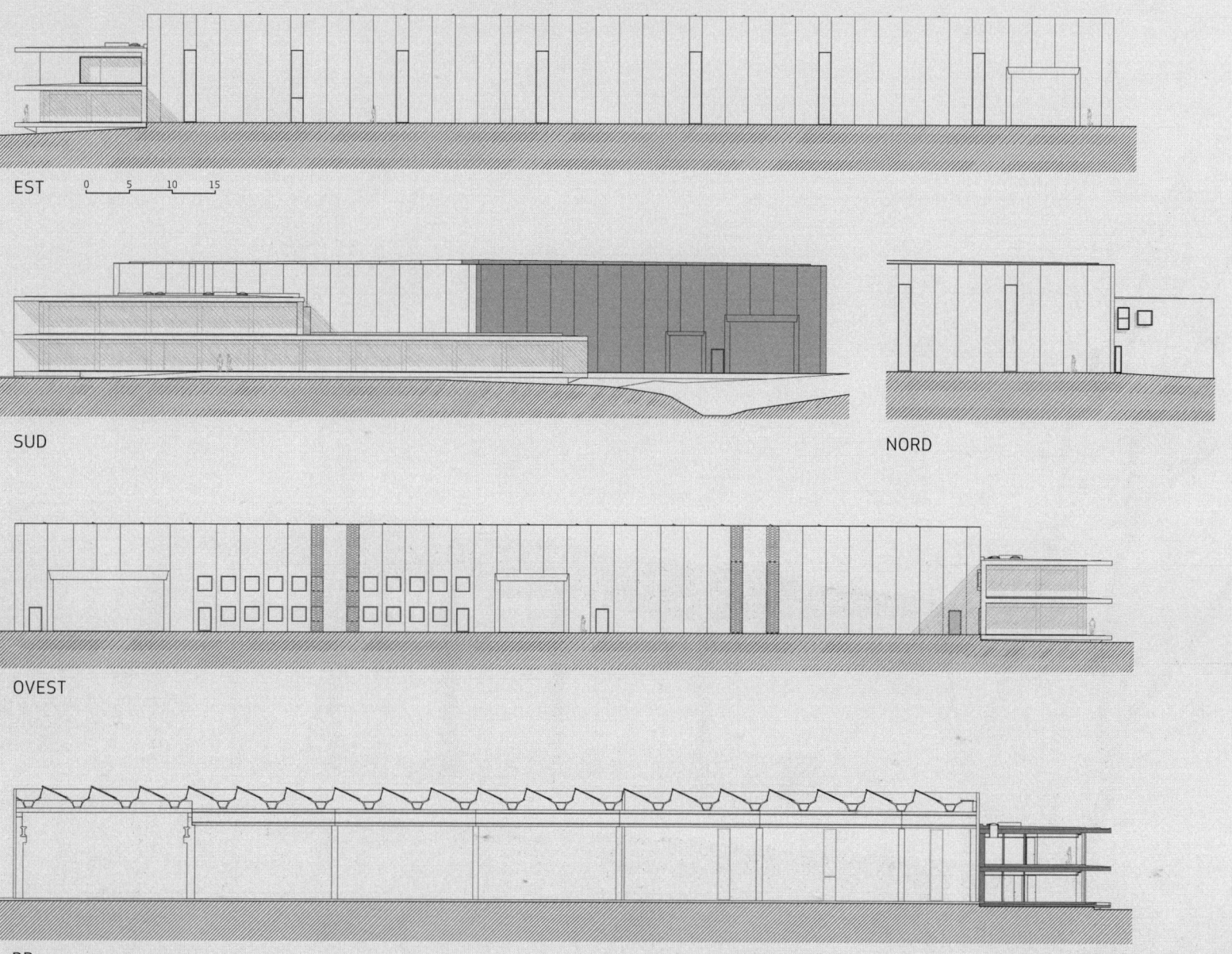

02

LA NORDICA SPA
EEDIFICIO INDUSTRIALE PER SERVIZI
SERVICES INDUSTRIAL BUILDING

MONTECCHIO PRECALCINO (VI), ITALY

Diego Chilò, Fabio Calore, Roberto Girardin
committenza: La Nordica S.p.a., Montecchio Precalcino (VI); **area:** 9370 mq; **intervento:** sup. coperta 2000 mq; **consulenti:** Alice Chilò, Andrea Massagrande, Antonio Sofia, Giancarlo Gasparotto, Ivan Mattarolo, Lisa Carollo, Roberto Trevisan, Studio Eltec, Walter Todesco; **anno:** 2014; non realizzato

Diego Chilò, Fabio Calore, Roberto Girardin
customer: La Nordica S.p.a., Montecchio Precalcino (VI); **area:** 9370 sqm; **work:** covered area 2000 sqm; **consultants:** Alice Chilò, Andrea Massagrande, Antonio Sofia, Giancarlo Gasparotto, Ivan Mattarolo, Lisa Carollo, Roberto Trevisan, Studio Eltec, Walter Todesco; **year:** 2014; unrealized

Nello studio del nuovo edificio la sagoma e le dimensioni sono state condizionate principalmente dalla necessità di assolvere le esigenze aziendali rivolte a realizzare un contenitore capace di raggruppare e concentrare le funzioni più importanti per un'azienda produttrice di stufe.
L'approfondita analisi di tali funzioni e lo studio delle complesse interrelazioni interne hanno generato un edificio autonomo costituito da volumi semplici accostati. Nonostante ciò il fabbricato progettato risulta articolato in quanto formato dall'accostamento di parallelepipedi di diversa dimensione, rotti nella loro rigidezza dalla deformazione dei muri perimetrali e dall'inclinazione di parte delle coperture piane. Tali volumi definiscono la forte orizzontalità dell'edificio che tende a inserirsi con discrezione nel contesto paesaggistico.
Dalla forma alla struttura il progetto si è mosso da un lato nella ricerca dell'integrazione dello stesso nella natura, e dall'altro, verso indirizzi di eco-sostenibilità, per ottenere un corretto connubio fra architettura, tecnologia e paesaggio. Nell'insieme tutta l'area esterna è stata studiata in un progetto organico di sistemazione del verde rivolto alla mitigazione ambientale del costruito e alla schermatura anti-inquinamento, frangivento e antirumore.

In the study of the new building the shape and size were affected mainly by the need to fulfil the business requirements designed to achieve a container able to regroup and concentrate the most important functions for a manufacturer of stoves.
An in-depth analysis of these functions and the study of complex internal interrelations generated an independent building consisting of simple matching volumes.
Despite this, the building design is jointed since it is formed by combining blocks of different sizes, broken in their stiffness by the deformation of the outer walls and the inclination of part of the flat roofs. These volumes define the strong horizontality of the building which tends to fit discreetly into the landscape.
From form to structure the project moved on one side in the direction of integration with the nature, and on the other, towards eco-sustainability guidelines, to get a correct combination between architecture, technology and landscape. All in all the outside area was designed such that the building fits into the greenery protecting it from pollution, wind and noise.

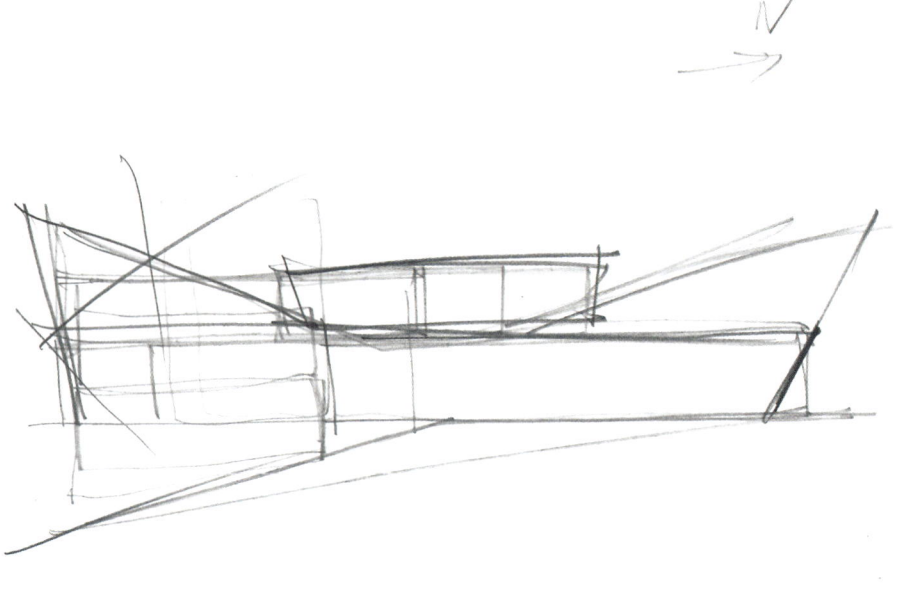

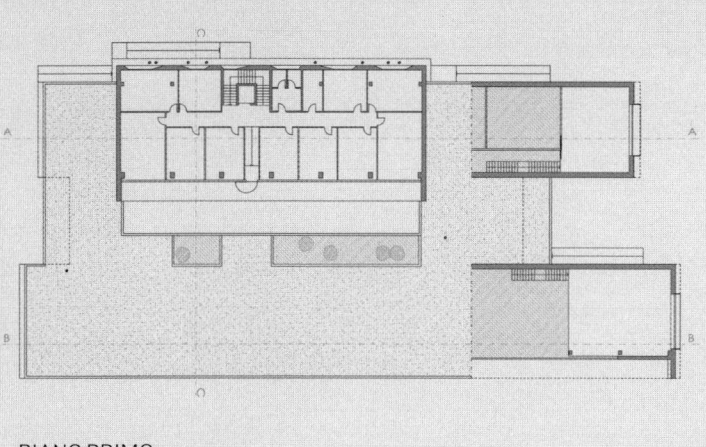

PIANO PRIMO

PIANO TERRA 0 5 10 15

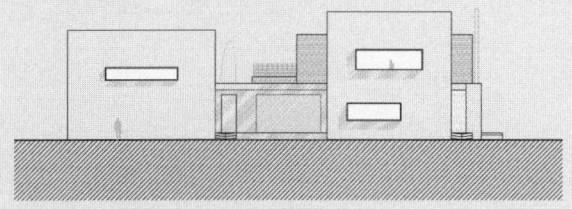

NORD-EST

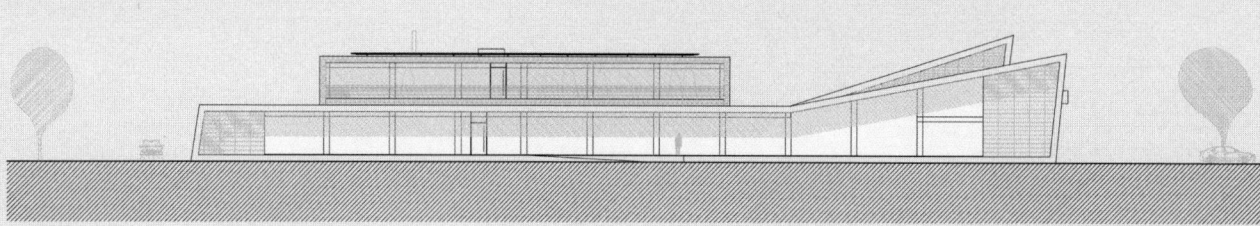

NORD-OVEST

IMMOBILIARE CINQUE.GI S.A.S.
EDIFICIO ARTIGIANALE E DIREZIONALE
THE WORKSHOP AND THE OFFICE BUILDING

BREGANZE (VI), ITALY

Diego Chilò, Fabio Calore
committenza: Immobiliare Cinque.Gi S.a.s., Breganze (VI); **area:** 3270 mq; **intervento:** sup. coperta 720 mq, sup. sviluppata 1210 mq; **consulenti:** Alice Chilò, Andrea Massagrande, Franco Chemello, Ivan Mattarolo, Roberto Girardello, Roberto Giradin, Roberto Trevisan, Studio Eltec, Walter Todesco; **anno:** 2013; progetto in realizzazione

Diego Chilò, Fabio Calore
customer: Immobiliare Cinque.Gi S.a.s., Breganze (VI); **area:** 3270 sqm; **work:** covered area 720 sqm, developed area 1210 smq; **consultants:** Alice Chilò, Andrea Massagrande, Franco Chemello, Ivan Mattarolo, Roberto Girardello, Roberto Giradin, Roberto Trevisan, Studio Eltec, Walter Todesco; **year:** 2013; work in progress

Dalla forma alla struttura e con essa la pelle dell'edificio il progetto si è mosso da un lato verso la ricerca dell'integrazione con la natura circostante, e dall'atro, verso indirizzi di eco-sostenibilità, per ottenere un corretto connubio fra architettura, tecnologia e paesaggio, in un dialogo contemporaneo fra uomo, spazi ed esigenze.

Situato nella zona industriale del comune di Breganze l'edificio, in parte artigianale e in parte direzionale, è inserito in un contesto paesaggistico in cui, verso nord, l'area di pianura incontra le prime zone collinari e, verso ovest, invece, è segnato dal torrente Astico con una prevalenza di fabbricati produttivi, e alcuni edifici residenziali.

Lo studio ha generato una sagoma dove le dimensione, la conformazione irregolare del lotto e il dislivello di circa due metri, hanno contribuito a sviluppare un edificio di forme semplici e lineari, interrotto solo dalle diverse altezze dei fabbricati e dall'arretramento del volume rettangolare rispetto all'altro sul fronte nord-est, al fine di ottenere un segno orizzontale che richiama e colloquia con il paesaggio.

Nell'edificio più alto, sulla copertura, è collocato un grande shed utilizzato esternamente per impianti tecnologici, rivolto verso nord per illuminare gli spazi centrali interni dell'edificio e per confondersi virtualmente con l'ambiente collinare e le montagne.

Le forometrie, parte integrante nella lettura di questo progetto, non vengono più intese nel senso letterale del termine "foro", ma bensì come la volontà di scavare un volume, di alleggerirlo, di farne emergere tutto il suo spessore, e rafforzarne il suo senso di lettura.

From the shape to the structure and with it the skin of the building, this project moved on one hand towards the quest for integration with the surrounding nature and the other towards eco-sustainability guidelines, to obtain a perfect mix of architecture, technology and landscape, in a contemporary dialogue between man, space and requirements.

Located in the industrial zone of the town of Breganze, the building, partly a workshop and partly an office, is embedded in a landscape in which, to the north, the valley meets the first hills and which, to the west, is marked by the Astico river and a prevalence of factories and some residential buildings.

Our studio generated a shape where the dimensions, the irregular outline of the lot and the height difference of about two meters, have helped develop a building of simple and linear forms, interrupted only by different heights of its parts and the shrinkage of the rectangular part compared to the other, facing north-east, in order to obtain a horizontal mark flirting with the landscape.

The taller part of the building, on the cover, contains a large shed used externally for the factory power installations, which is facing north so as to illuminate the interior spaces of the building and be almost mixed up with the hilly and mountainous surroundings.

The perforated patterns, an integral part in the reading of this project, are no longer taken in the literal sense of the term "hole", but rather as the desire to curve out a volume, to lighten it up, to bring out all its depth and strengthen its image.

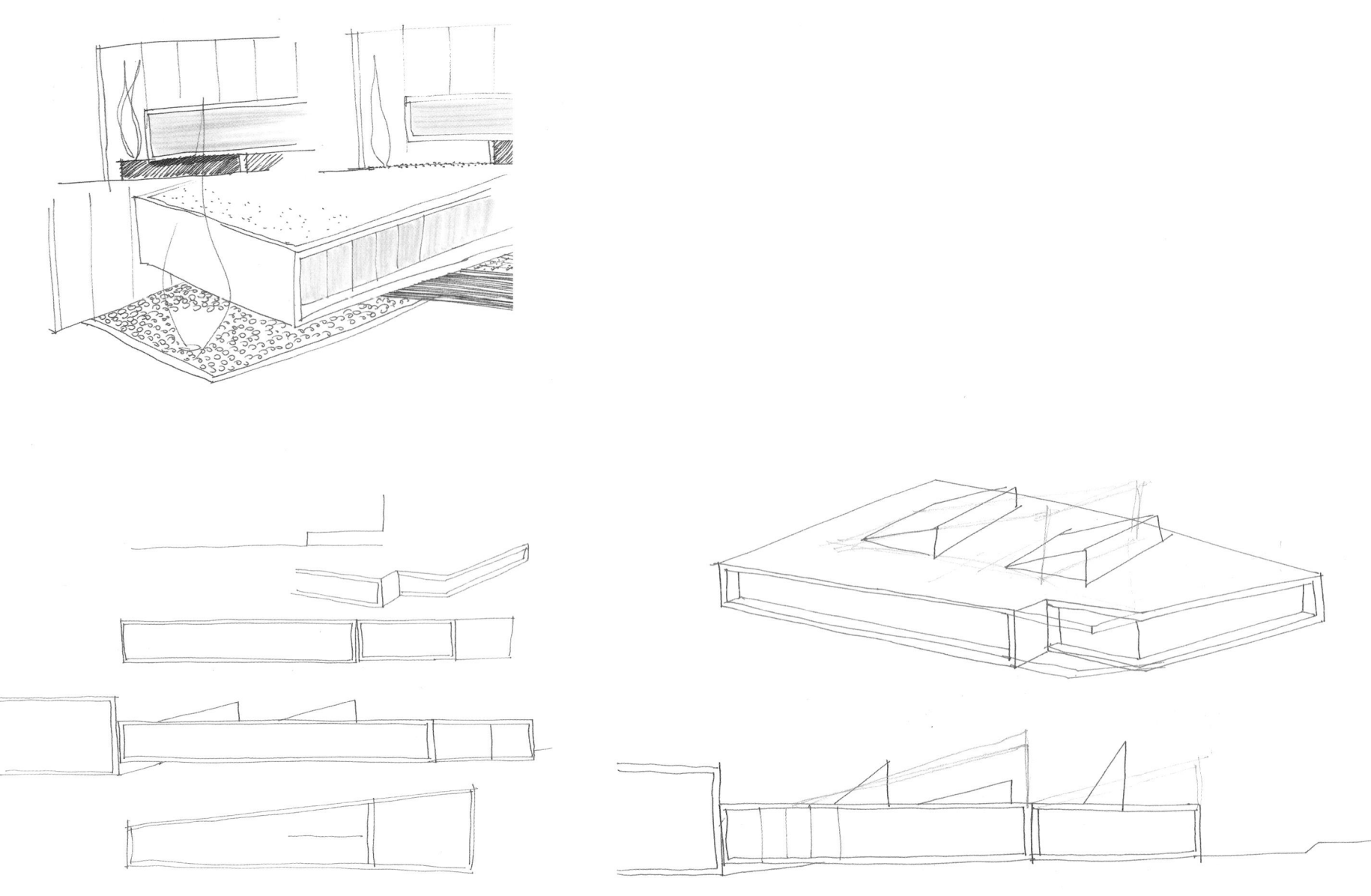

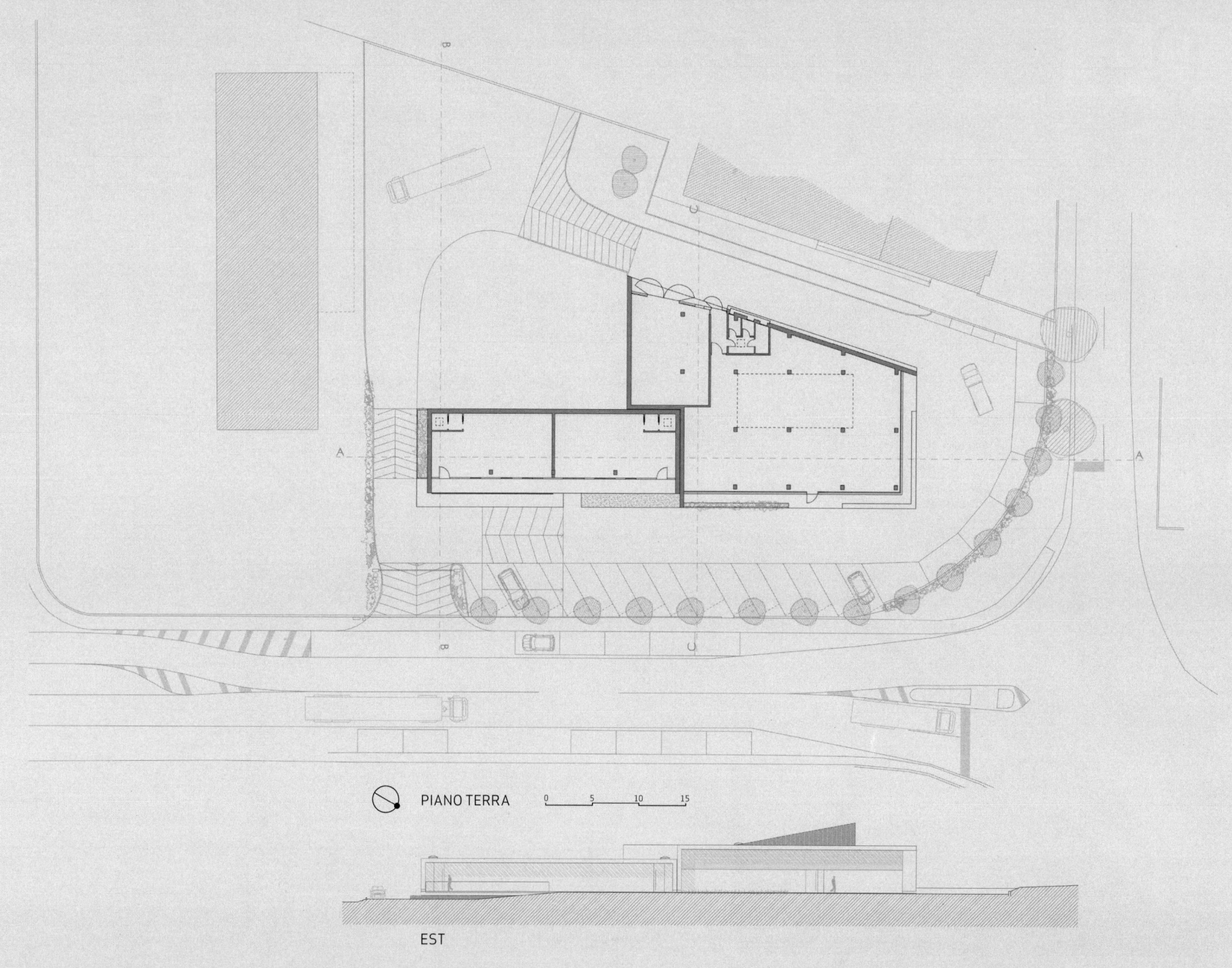

CANTINA BEATO BARTOLOMEO
RIQUALIFICAZIONE EDIFICIO COMMERCIALE
REFURBISHMENT OF A COMMERCIAL BUILDING

BREGANZE (VI), ITALY

Diego Chilò, Fabio Calore, Roberto Girardin, Roberto Trevisan, Alice Chilò
committenza: Cantina Beato Bartolomeo da Breganze Scarl, Breganze (VI); **area:** 2540 mq; **intervento:** sup. coperta 830 mq, sup. sviluppata 1580 mq; **anno:** 2013-2014; non realizzato

Diego Chilò, Fabio Calore, Roberto Girardin, Roberto Trevisan, Alice Chilò
customer: Cantina Beato Bartolomeo da Breganze Scarl, Breganze (VI); **area:** 2540 sqm; **work:** covered area 830 sqm, developed area 1580 smq; **year:** 2013-2014; unrealized

Il tema della proposta di progetto sviluppato per la Cantina Sociale Beato Bartolomeo da Breganze (VI) è rivolto alla realizzazione di un nuovo spaccio di vendita con relativi servizi e accessori nonché alla sistemazione delle aree scoperte di pertinenza.
L'analisi dell'area di intervento inserita centralmente nel paese ha messo in luce la posizione del sito quale punto focale della viabilità comunale e intercomunale, luogo di passaggio anche per viaggiatori occasionali e quindi elemento di forte visibilità verso l'esterno che dovrà essere valorizzato all'interno dell'espressione architettonica del progetto.
L'intervento consiste nella proposta di un edificio da un segno grafico istintivo e naturale che, ergendosi parallelamente al fabbricato esistente, richiama: le colline circostanti dove vengono coltivate le viti che hanno modellato e abbellito il paesaggio, il ponte del torrente Astico, altra traccia del territorio e, infine, le botti dove il vino viene lasciato invecchiare.
L'idea stessa di cantina che nella tradizione era realizzata con strutture a volta ha suggerito l'architettura della proposta inglobata in un unico semplice segno, per creare il nuovo punto vendita aderente ai fabbricati esistenti, dove il contenitore racconta il contenuto per una nuova immagine funzionale e contemporanea.
Materiali tradizionali come il legno per le strutture e il rame per le coperture sono stati proposti per coerenza ambientale e per durare nel tempo.

The project proposal developed for the Cantina Sociale Beato Bartolomeo da Breganze (VI) was about implementing a new sales outlet together with the related main and ancillary services and the outdoor areas belonging to them.
Upon the analysis of the work area it was concluded that the site represented the focal point of the inter-municipal and municipal traffic, a passing point for occasional travellers and therefore an element of strong outward visibility that would have to be captured inside the architectural expression of the project.
The task was to make a proposal for a construction of a building of an instinctive and natural graphical signature that, standing parallel to the existing building, draws into itself the surrounding hills dotted with rows of vine plants that have shaped and embellished the landscape, the bridge of the river Astico, another signature of this area, and finally the barrels in which the wine is left to age.
The same goes for the cellar, as per tradition made out vaulted structures, which called for the proposed architecture to blend with the existing one into a single simple sign, to create the new point of sale fused with the existing buildings, where the container tells the story of the contents, for a new, functional and contemporary, image.
Traditional materials like wood for structures and copper for the roofs were proposed for environmental and durability reasons.

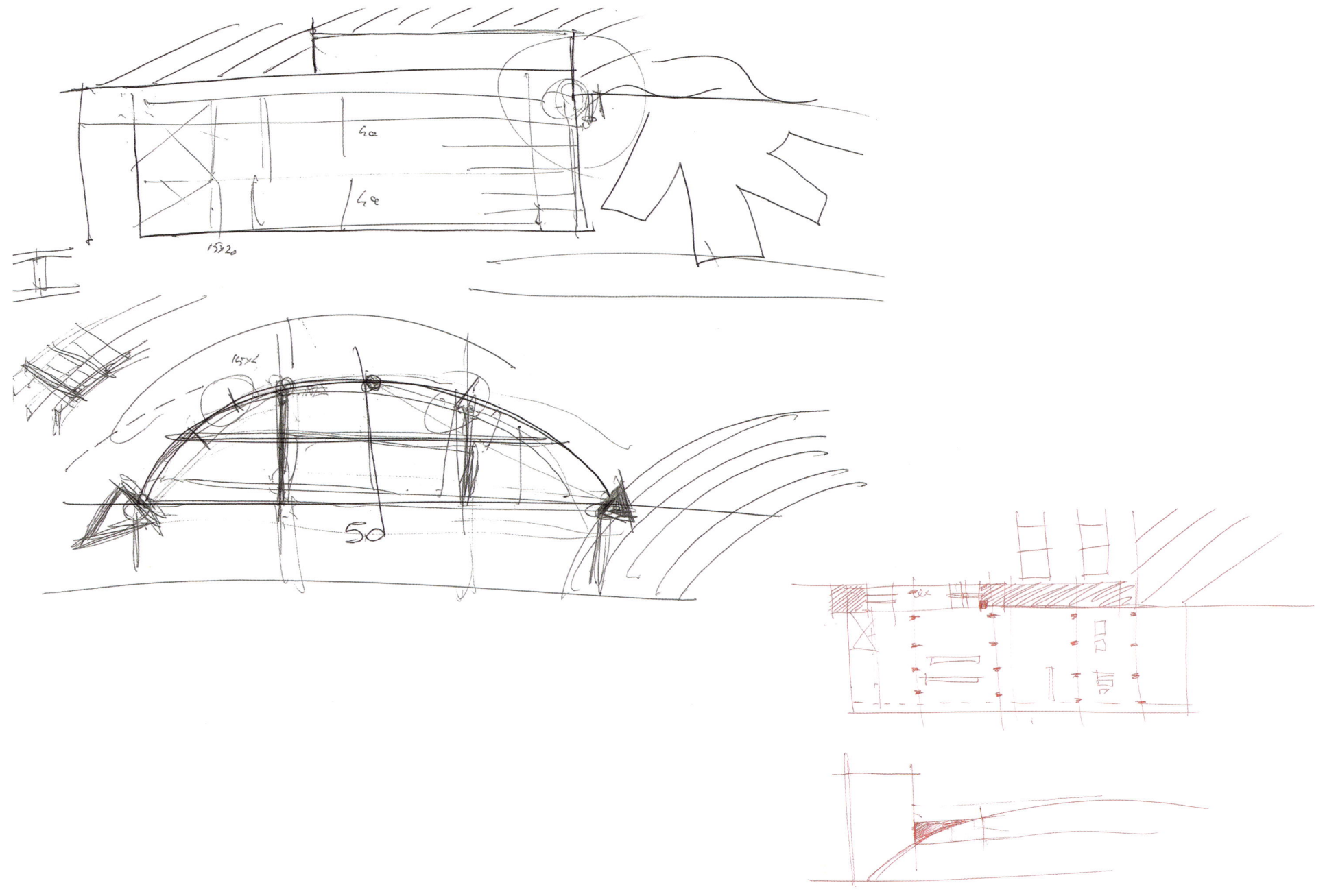

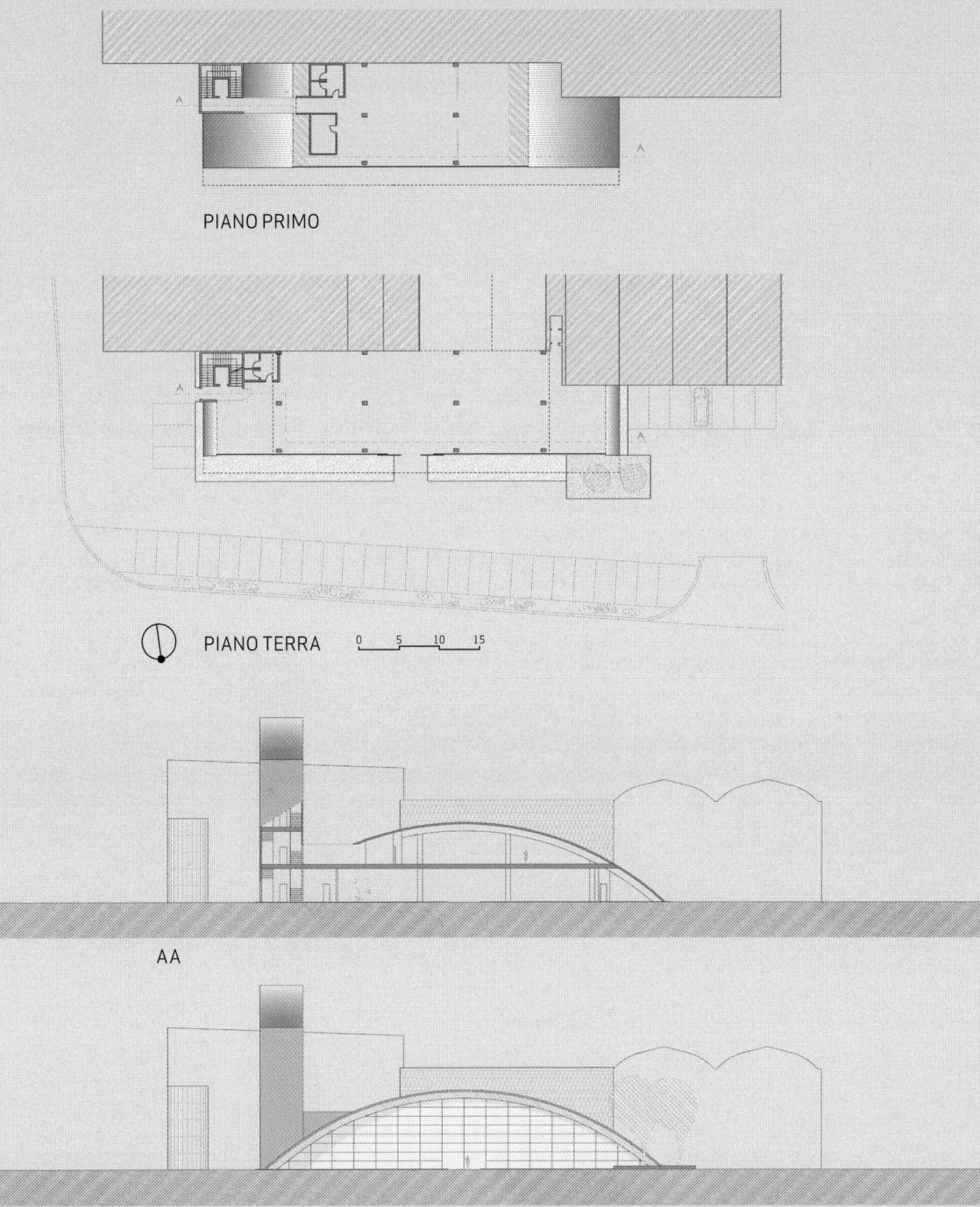

segue da pagina 9

Discorrendo più volte con Diego Chilò, che dello studio è l'anima "inquieta", il più curioso e dinamico, emerge una continuità di percorso e il desiderio di fare, produrre, elaborare idee che possano dare vita a progetti, come costante del sodalizio C+Partners.

Il filone dell'architettura industriale, da troppi disdegnato, per questo studio è stato una sfida costante e una scommessa sulla possibilità di rendere meno anonimi, freddi e disumani i luoghi della produzione e del lavoro collettivo.

"A noi piace sfidarci sempre" prosegue Chilò nel suo effluvio appassionato di descrizioni delle esperienze di lavoro, e la "sfida ha più facce, che vanno dal dettaglio, al Design di prodotto, alla scala dell'edificio complesso, passando per l'Interior, senza dimenticare che il progetto deve saper rispondere a più temi e più esigenze". Come non condividere tutto ciò soprattutto quando le esperienze, come quelle mostrate in questa raccolta, descrivono traiettorie interessanti?

Nei prossimi anni, quando si affronteranno i temi della dismissione del modello "capannone", già in atto, ci sarà da comprendere come esperienze importanti, anche in questa area difficile del Veneto, quali la Fabbrica Benetton di Tobia Scarpa, tra le più significative, e il lavoro di C+Partners su diversi edifici industriali, potranno essere un riferimento sia per nuovi modelli che per possibili riconversioni. La fabbrica 3.0 deve ripartire dalla qualità architettonica e paesaggistica per dare valore al prodotto e a chi lo realizza, oltre allo stesso Made in Italy, che può ritrovare una nuova cultura dell'insediamento.

A scorrere i progetti presentati in queste pagine, dal più recente edificio industriale che traduce nella palazzina uffici uno stile sobrio, delicato, ma al contempo materico come merita l'idea del produrre, si ha la sensazione che ogni progetto sia stato affrontato con lucidità e attenzione misurando il rapporto tra le necessità organizzative complesse, della produzione, e una necessaria condizione estetica, anche minima, a volte, ma ricercata e riproposta o sull'intero edificio, oppure in dettagli, interni, nei diversi materiali.

continue from page 9

Discussing with Diego Chilò several times, that of the study is the "restless" soul, the most curious and dynamic, emerges a continuity of the path and the desire to make, elaborate ideas that can give rise to projects, as a constant of the work of C+Partners.

The pattern of industrial architecture, too much disdained, for this study has been a constant challenge and a bet on the possibility of making less anonymous, cold and inhumane the places of production and collective work.

"We always like to challenge us", continues Chilò in his passionate descriptions of work experiences, and "the challenge has more faces, ranging from detail, to product design, to the scale of the complex building, to the interior, without forgetting that the project must be able to answer more issues and needs". How can we not share this especially when experiences, such as those shown in this collection, describe interesting trajectories?

In the coming years, when dealing about the issues of the "capannone" model, already underway for the paradigm change, we will be able to understand it as important experiences, even in this difficult area of Veneto, such as the Benetton Factory of Tobia Scarpa, and the work of C+Partners on several industrial buildings, can be a reference for both new models and for possible redrawing. The 3.0 factory must start from architectural and landscape quality to give value to the product and to those who build it, in addition to the same Made in Italy, which can find a new culture of settlement.

Scrolling through the projects presented in these pages, from the latest industrial building that translates to a sober, delicate and stylish building, but at the same time as materic thath deserves the idea of producing, one feels that every project has been tackled with clarity and attention by measuring the relationship between complex organizational needs and production, and a necessary aesthetic condition, even minimal, sometimes sought-after and reproposed on either the whole building or in details, inside, in the various materials.

Forse tra le esperienze e i progetti presenti in queste pagine, occorre segnalare anche lo sforzo tecnologico sia come necessità nel superare grandi dimensioni, che nell'organizzare grandi spazi di lavoro, così come nel trovare la capacità -in molte realizzazioni- di un intelligente pretesto per usare lo "sforzo" strutturale come occasione di spazialità architettonica e valore simbolico del manufatto.

Persino il palpabile linguaggio di un certo brutalismo, quando a prevalere sono i cementi prefabbricati o gettati in opera delle ampie dimensioni degli edifici, viene tenuto a bada attraverso il gioco delle aperture collocate in maniera da rendere il tema del naturale e artificiale, della luce e relazione con il contesto, uno degli elementi di riconoscibilità, così come la costruzione delle facciate è spesso esito di una regola metrica che aderisce a ragioni tecniche, ma cerca di conferire dignità formale ed estetica ai manufatti industriali.

Una ultima nota non può dimenticare il fascino e la suggestione degli schizzi, dei disegni, delle tempere che prima ancora di alludere ad un percorso progettuale, sono come visioni oniriche alla ricerca della bellezza, tra cromatismi, linee e segni, dentro un percorso che cerca sempre una riconoscibilità linguistica e una dimensione architettonica.

Infine è facile rintracciare nella coerenza del processo progettuale, tra disegni tecnici e dettagli esecutivi, una continuità della manualità nel risolvere temi complessi e articolati, dove il disegno assume il valore non solo di linguaggio, ma soprattutto di elemento descrittivo e costruttivo senza mai eccedere ne perdere di senso.

Forse che tutto questo è anche esito di una conoscenza del senso di "gravità" che comporta l'architettura, come insegnano le opere di Arcangelo Sassolino, lo scultore che sottolinea lo slancio formale di C+Partners in una dimensione quasi astratta se pure materica, o come le struggenti foto di Giustino Chemello che danno il senso di come il paesaggio urbano e naturale non siano affatto neutrali nella costruzione della modernità della città e dei luoghi che abitiamo.

Perhaps among the experiences and the projects present in these pages, we must also point out the technological effort both as a need to overcome large dimensions, to organize large work spaces, as well as to find the capacity-in many accomplishments-an intelligent pretext for use the structural "effort" as an opportunity for architectural spatiality and symbolic value of the artifact.

Even the palpable language of a certain Brutalism, when are predominantly the prefabricated cement of the large size of buildings, are kept at bay through the play of the openings placed in such a way as to make the theme of natural and artificial, of light and relationship with the context, one of the recognizable elements, as well as the construction of the facades is often the result of a metric rule that adheres to technical reasons, but tries to confer formal and aesthetic dignity on industrial manufacts.

One last note can not forget the charm and the suggestion of sketches, drawings, and paint colors that, even before alluding to a design path, are dreamy visions in search of beauty, between chromatism, lines and signs, within a path that seeks always a linguistic recognizability and an architectural dimension.

Finally, it is easy to trace in the consistency of the design process, between technical drawings and executive details, a continuity of manuality in solving complex and articulated themes, where the drawing assumes not only the value of language, but above all the descriptive and constructive, without ever exceeding losing sense.

Perhaps all of this is also the result of a knowledge of the sense of "gravity" that involves architecture, as taught the works of Archangel Sassolino, the sculptor who underlines the formal impetus of C+Partners in an almost abstract, or just like the pictures of Giustino Chemello that give the sense of how the urban and natural landscape are not at all neutral in building the modernity of the city and the places we live.

GOLF PROMOZIONI SPA
STUDIO MASTERPLAN

SARCEDO (VI), ITALY

Diego Chilò, Fabio Calore, Roberto Girardin, Alice Chilò
committenza: Golf Promozioni S.p.A., Sarcedo (VI); **area interessata "il centro"**: 75500 mq; **intervento**: sup. coperta 16500 mq; **anno**: 2012-2013; non realizzato

Diego Chilò, Fabio Calore, Roberto Girardin, Alice Chilò
customer: Golf Promozioni S.p.A., Sarcedo (VI); **the relevant area "the centre"**: 75500 sqm; **work**: covered area 16500 sqm; **year**: 2012-2013; unrealized

L'intervento propone la valorizzazione di un'area strategica tra i comuni limitrofi di Sarcedo, Thiene e Zugliano facilmente raggiungibile dal casello autostradale di Thiene e dalla futura Pedemontana.
Il tema affrontato nell'area del campo da golf di 18 buche, con la progettazione artistica affidata a Costantino Rocca, prevede lo studio di uno dei comparti edificatori denominato "il centro".
Nello studio del luogo, la natura, vista come sistema, diventa fonte di attrazione mediante la valorizzazione del torrente, dei percorsi pedonali e ciclabili e delle aree di sosta.
Questa parte di masterplan prevede la realizzazione di piazze, case-bottega, ristoranti, spazi commerciali, appartamenti e abitazioni con vista sul campo da golf. Il nuovo sistema risulta immerso e al contempo integrato nel verde esistente e di progetto e nella viabilità d'ingresso opportunamente collegata al sistema viario comunale esistente.
Il tema affrontato nella progettazione architettonica di questo stralcio considera fondamentale il valore del paesaggio naturale esistente immaginando edifici orizzontali di dimensioni contenute e frammentati che dialoghino con il verde esistente e con l'ambiente collinare circostante di particolare pregio.
Un luogo accogliente e tranquillo progettato per tutte le persone che scelgono uno stile di vita in armonia con la natura.

The project proposes an enhancement of a strategic area between the neighbouring towns of Sarcedo, Thiene and Zugliano easily accessible from the motorway exit of Thiene and the future Pedemontana motorway.
The project of the development of the 18 hole golf course, which entrusted the artistic design to Costantino Rocca, includes the study of a building company nicknamed "the center."
In the study of the site, the surroundings, seen as a system, are considered a source of attraction that includes the river, pedestrian and bicycle paths and rest areas.
This part of the master plan includes the construction of squares, shops, restaurants, commercial spaces, apartments and houses overlooking the golf course. The new site is integrated into the existing and newly designed greenery and its entrance appropriately connected to the existing municipal road system.
The architectural design of this site considers as essential the value of the existing landscape proposing to add small size and fragmented horizontally oriented buildings that communicate with the existing greenery and the hilly surroundings of particular value.
This is supposed to be a quite and inviting place designed for those that choose the life style oriented towards harmony with nature.

EXTRAFLAME SPA
EDIFICIO INDUSTRIALE CON UFFICI
INDUSTRIAL BUILDING WITH OFFICES

MONTECCHIO PRECALCINO (VI), ITALY

Diego Chilò, Fabio Calore, Roberto Girardin, Alice Chilò
committenza: Extraflame S.p.A., Montecchio Precalcino (VI); **area:** 15230 mq; **intervento:** sup. coperta 5100 mq, sup. sviluppata 10480 mq; **anno:** 2012-2014; non realizzato

Diego Chilò, Fabio Calore, Roberto Girardin, Alice Chilò
customer: Extraflame S.p.A., Montecchio Precalcino (VI); **area:** 15230 sqm; **work:** covered area 5100 sqm, developed area 10480 sqm; **year:** 2012-2014; unrealized

Nonostante la crisi economica l'azienda aveva sentito la necessità di rinnovarsi. Riorganizzare gli spazi interni a disposizione, ampliare il fabbricato esistente nelle aree esterne disponibili e di proprietà tutto al fine di centralizzare in un unico luogo produzione, stoccaggio e amministrazione per contenere i costi di gestione e la riorganizzazione delle funzioni amministrative.
Il nuovo edificio produttivo si configura quindi come un prolungamento dei volumi esistenti, dove il contenitore sfrutta la copertura come parcheggio per circa un centinaio di auto, la forma si sviluppa nella parte interrata per una migliore logistica interna con un magazzino robotizzato spinto fino a cinque metri sottoterra.
Il nuovo corpo uffici è collocato a sud e adiacente ad una parete del nuovo ampliamento. Nell'insieme riesce, grazie ad un mirato studio di immagine e di tecnologia, a bilanciare e a acquisire importanza rispetto l'intero intervento. Il grande sporto, che in parte protegge la facciata degli uffici, rivela su tutta la sua superficie i pannelli fotovoltaici per la produzione di energia.

In spite of the economic crisis, the company considered it important to update itself. They decided to rearrange the available interior space and extend the existing building in the external available areas they owned, all in order to centralize in one place production, storage and administration aiming to contain the costs of management and reorganization of administrative functions.
This way, the new production building was configured as an extension of the existing buildings, where the container uses the coverage as a parking lot for about a hundred cars, the shape extends into the underground part for better internal logistics with a robotised warehouse extending for up to five meters underground.
The new office block is facing south and is adjacent to a wall of the new extension. Overall it succeeds, thanks to a focused study of the image and technology, to balance and to gain importance over the entire project. A large protrusion, which partly protects the office façade, reveals on its entire surface the photovoltaic panels for the production of electrical energy.

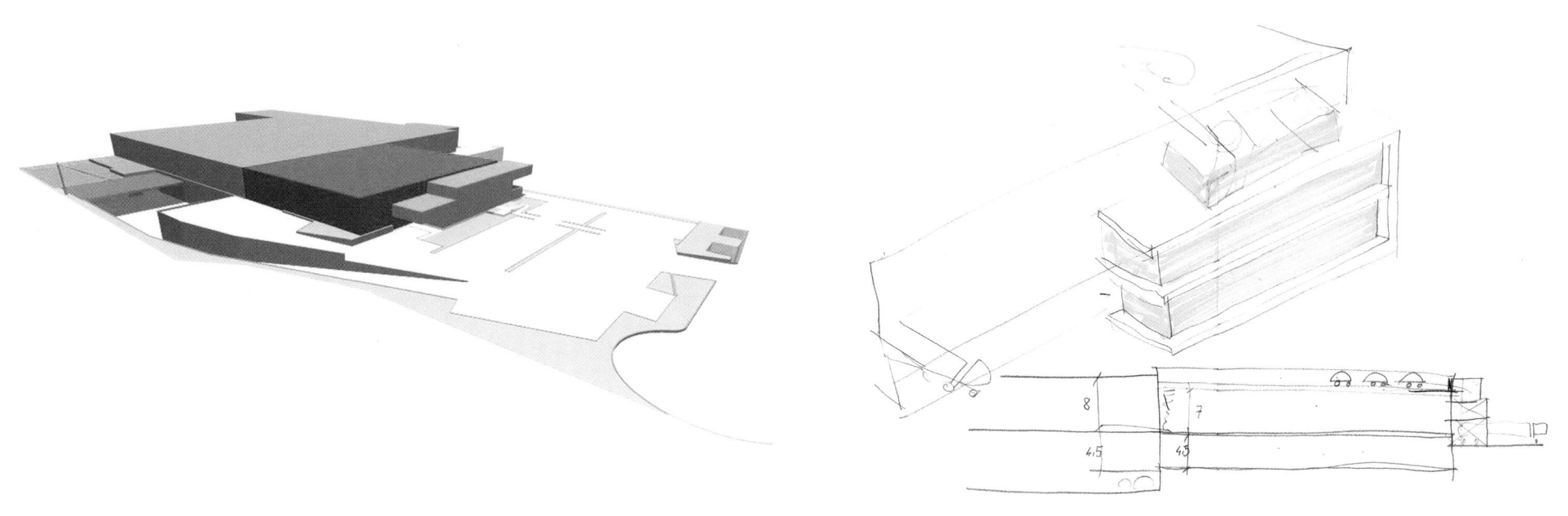

PIANO TERRA 0 5 10 15

CC 0 5 10 15

SUD

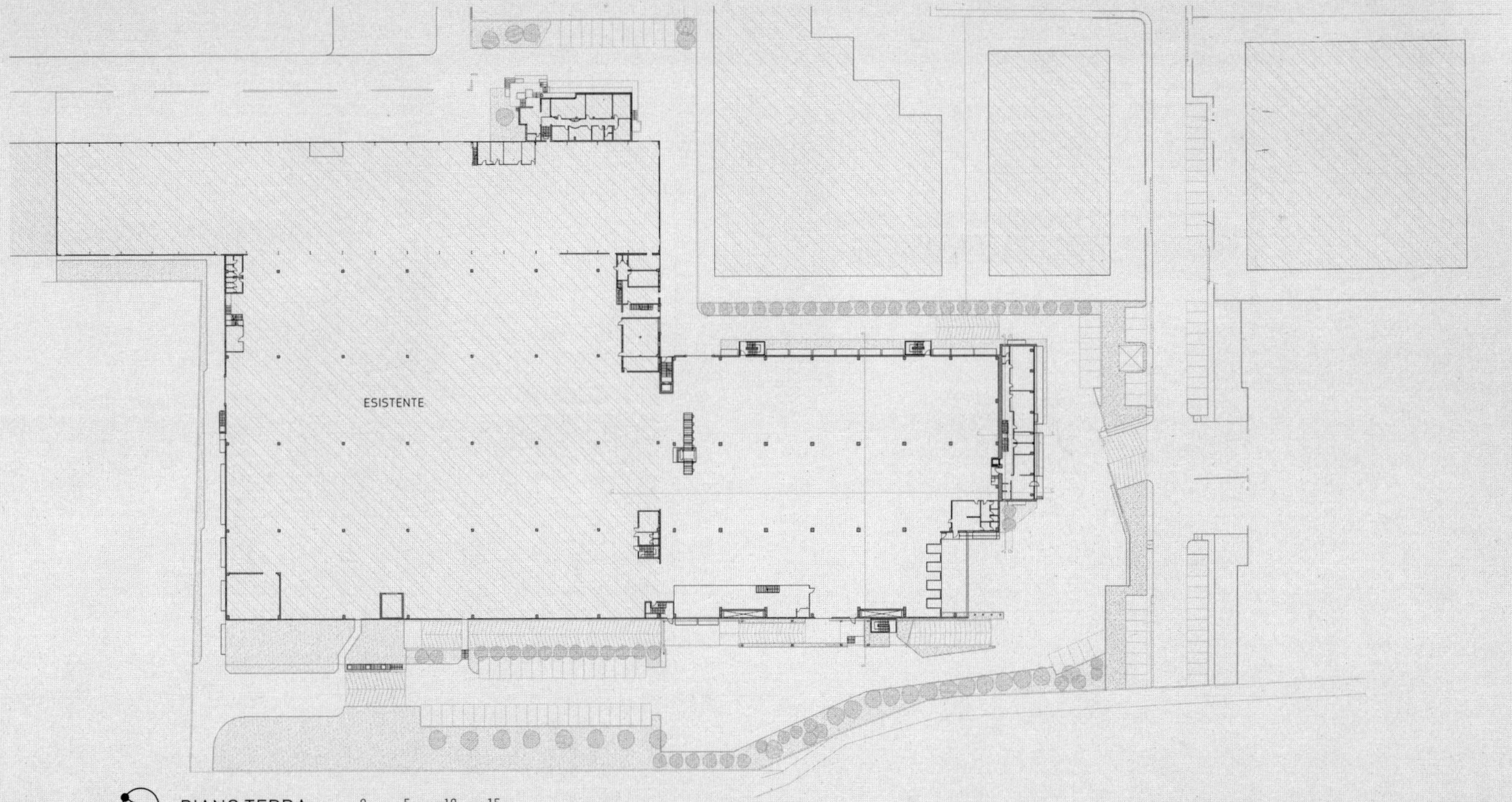

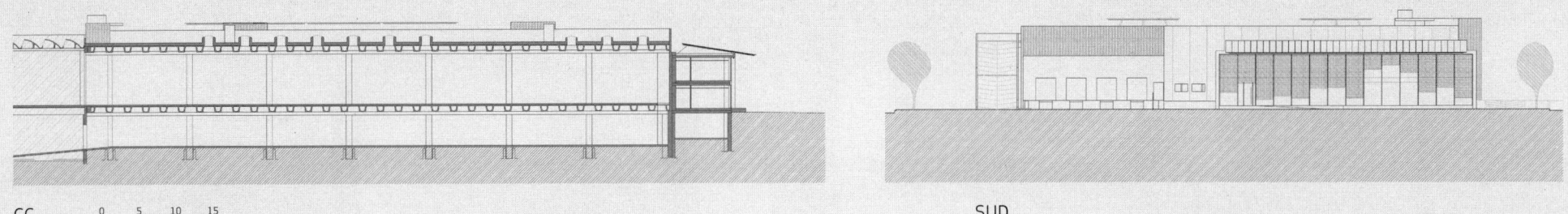

ARTIMECC SRL
UFFICI INTERNI
INTERNAL OFFICES

SARCEDO (VI), ITALY

Diego Chilò, Fabio Calore
committenza: Artimecc S.r.l., Sarcedo (VI); **area:** 2160 mq; **intervento:** sup. coperta 1290 mq, sup. sviluppata 1450 mq; **consulenti:** Andrea Massagrande, Bruno Cappellotto, Maurizio Munari, Roberto Girardin; **anno:** 2012

Diego Chilò, Fabio Calore
customer: Artimecc S.r.l., Sarcedo (VI); **area:** 2160 sqm; **work:** covered area 1290 sqm, developed area 1450 sqm; **consultants:** Andrea Massagrande, Bruno Cappellotto, Maurizio Munari, Roberto Girardin; **year:** 2012

Una riflessione sui piccoli interventi è necessaria a partire dagli anni 2010, in quanto le nuove realtà produttive sono rivolte al contenimento della produzione dei costi di gestione e allo sviluppo dei processi produttivi interni.
La fabbrica non è più vista anche come investimento immobiliare, e la contrazione dei mercati è forte. C'è inoltre una visione industriale diversa dagli anni precedenti, rivolta più al mercato esterno che interno.
Un intervento di piccola entità su un fabbricato produttivo esistente legato alla necessità di creare al suo interno una zona destinata all'attività direzionale, ha portato alla scelta di realizzare un volume su due piani che va ad inglobare senza particolari interventi di modifica anche i locali preesistenti, sfruttando la considerevole altezza interna del locale produttivo.
Una forma insolita (triangolare) non voluta ma derivata dalla necessità di regolarizzare lo spazio della parte produttiva, e un piccolo ritocco esterno alla facciata principale dell'edificio e al giardino che completa l'intervento per un'azienda con visibilità internazionale.

A reflection on minor works starting from 2010s must be made, as the new production companies are directed to the containment of operating costs in production and development of internal production processes.
The factory is not seen any more as a property investment, and the market concentration is strong. Also, there is the vision of industry that is different from previous years, oriented more towards external than internal markets.
A small work on an existing production property, stemming from the need to create an area reserved for management, led to the choice of creating a two-store building that incorporated, without any special tasks, also the pre-existing units, exploiting the considerable interior height of the production building.
Final specification included constructing a building of unusual, triangular, shape, not particularly desired but derived from the need to regulate the space in the production department, and performing a small external retouch of the main façade of the building and the garden of this company with international exposure completed the building.

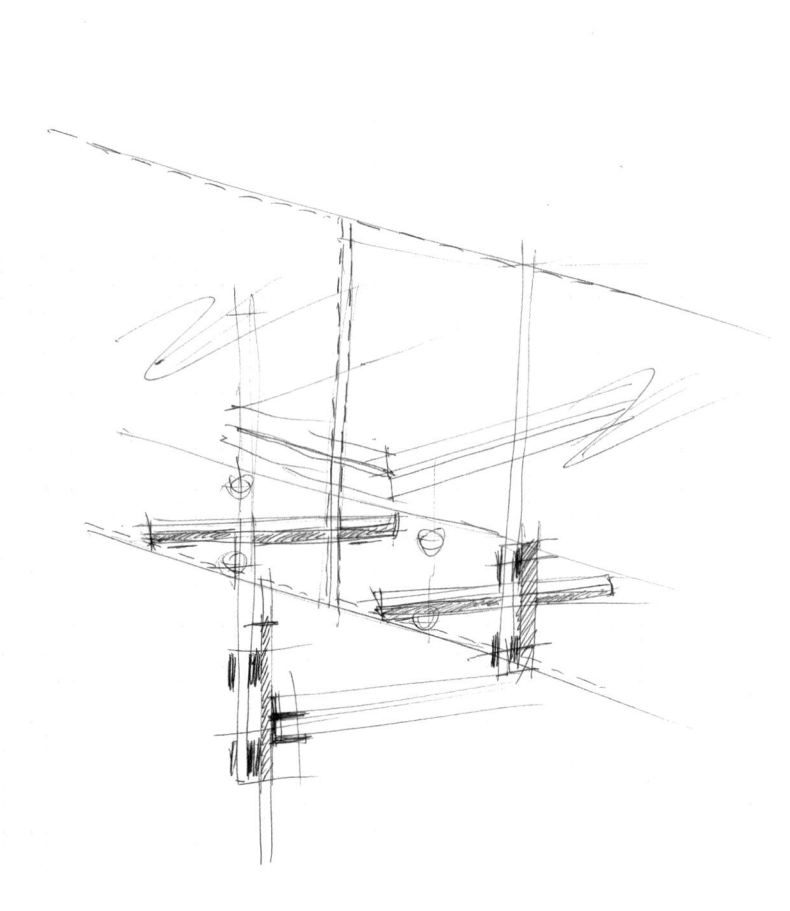

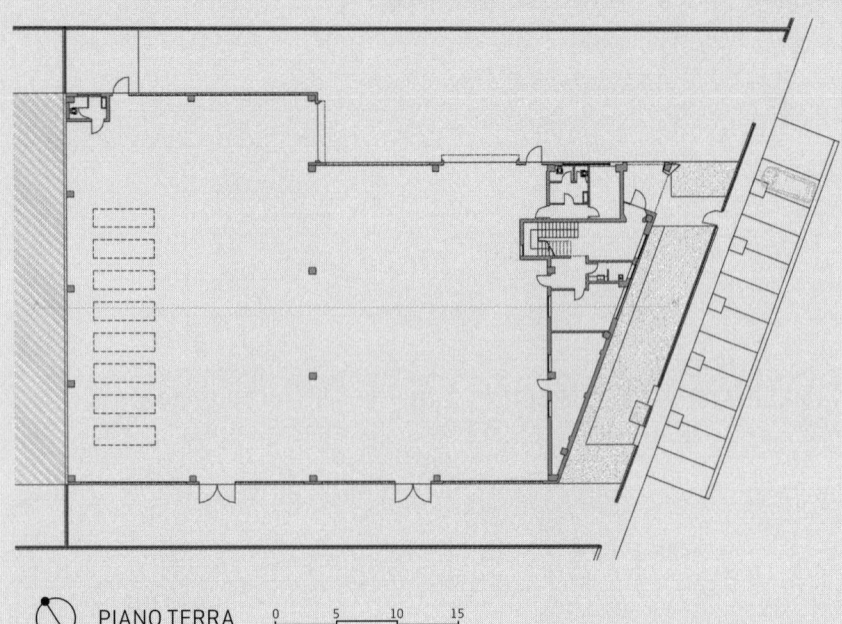

PIANO TERRA 0 5 10 15

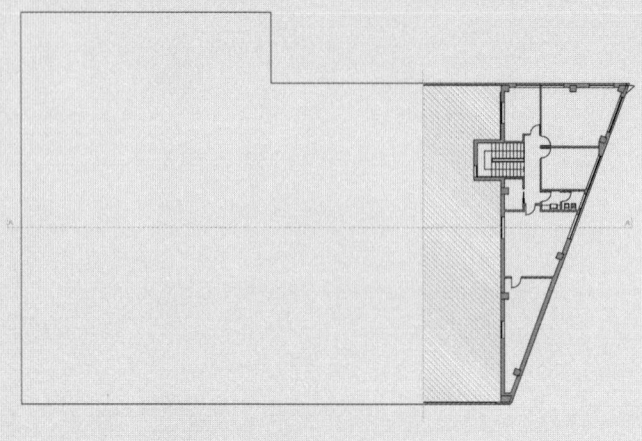

PIANO PRIMO

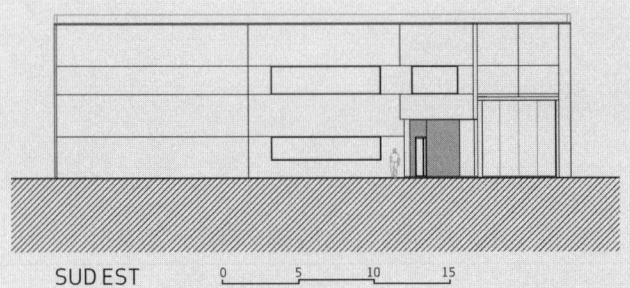

SUD EST 0 5 10 15

TESSPORT SPA
EDIFICIO INDUSTRIALE CON UFFICI
INDUSTRIAL BUILDING WITH OFFICES

THIENE (VI), ITALY

Diego Chilò, Fabio Calore, Roberto Girardin
committenza: Tessport S.p.A., Thiene (VI); **area:** 10000 mq; **intervento:** sup. coperta 2540 mq, sup. sviluppata 3030 mq; **anno:** 2011-2012; non realizzato

Diego Chilò, Fabio Calore, Roberto Girardin
customer: Tessport S.p.A., Thiene (VI); **area:** 10000 sqm; **work:** covered area 2540 sqm, developed area 3030 sqm; **year:** 2011-2012; unrealized

Una considerazione va fatta per alcuni edifici produttivi che sono il risultato della crescita dell'azienda nel tempo e quindi composti da blocchi di edifici più piccoli uniti tra loro in base alle varie esigenze e all'evolversi del tempo.
L'intervento in progetto proponeva la ristrutturazione della palazzina uffici esistente, la parziale demolizione di una parte della zona magazzino adiacente alla zona direzionale e alcuni servizi per la realizzazione di un nuovo corpo di fabbrica per una nuova immagine aziendale e per la riorganizzazione degli spazi direzionali interni all'azienda.
La soluzione scelta era nata dalla necessità di avere a disposizione nuovi spazi amministrativi senza però dover rinunciare o perdere spazi dedicati alla produzione. Da qui una scelta radicale rivolta alla riorganizzazione di una porzione di edificio realizzato in uno degli stralci di ampliamento precedenti per ricomporre uno spazio atto alla realizzazione di un nuovo corpo di fabbrica che potesse contenere le funzioni richieste senza compromettere la funzionalità degli spazi esterni.

A consideration should be made for some production buildings that are the result of the company growth over time, and so consist of blocks of small buildings joined together depending on the various needs of the moment.
The project proposed the renovation of the existing office building, a partial demolition of a part of the storage area adjacent to the office area and some services for the construction of a new building in order to create a new company image and reorganize the office space inside the company.
The chosen solution was born from the need to have new administrative spaces without having to lose production spaces. This gave rise to a solution comprising the reorganization of a portion of the building constructed in one of the previous expansions to create an appropriate space suitable for the construction of a new building that could contain the requested functionality without compromising the functionality of the outdoor spaces.

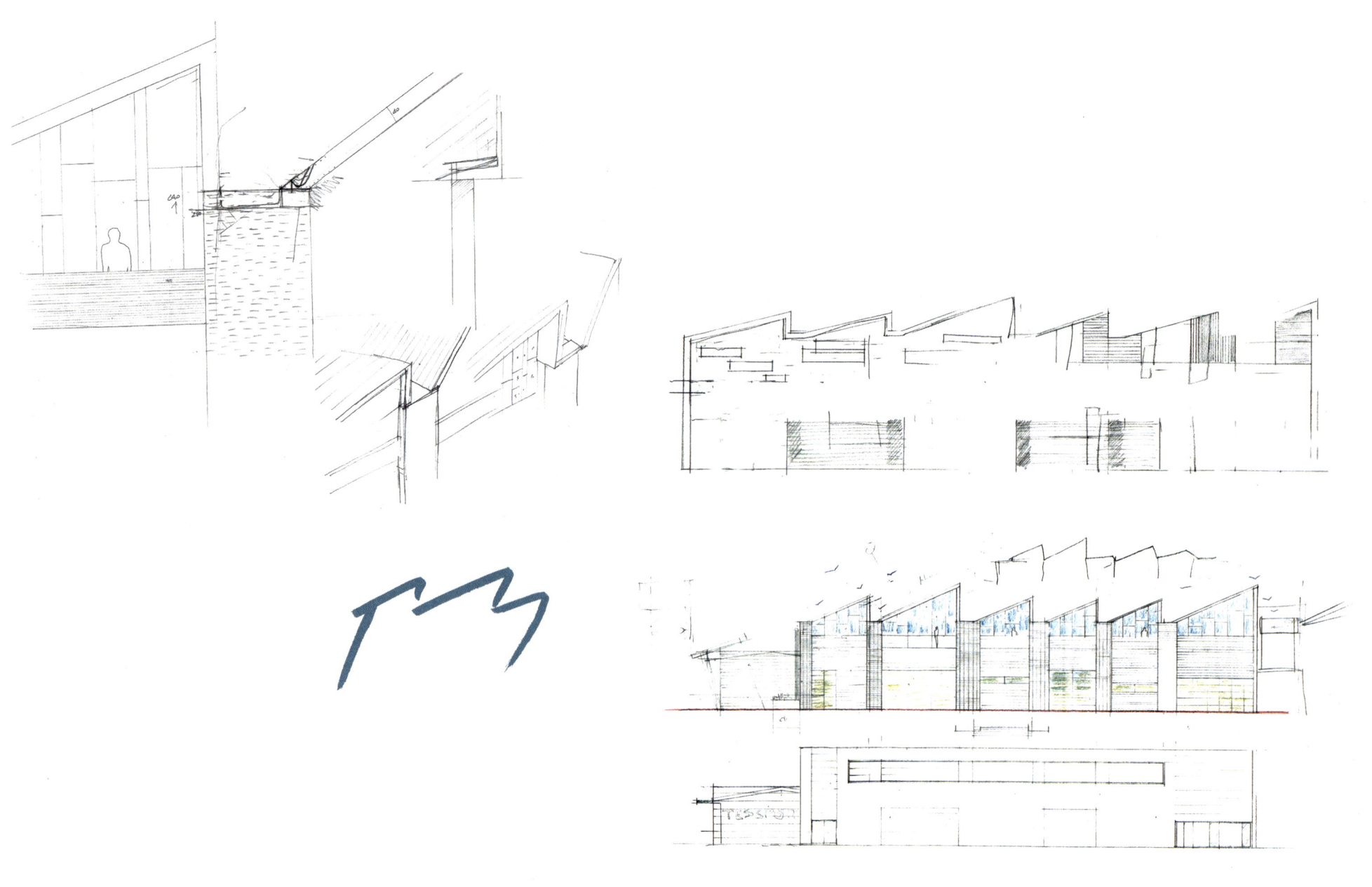

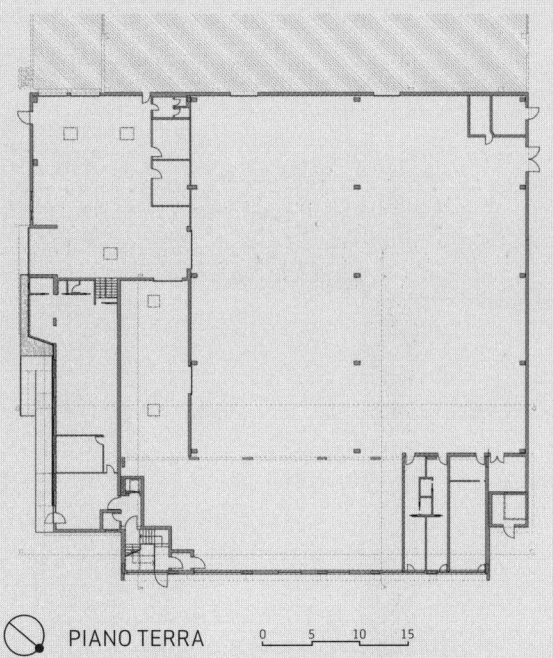

◔ PIANO TERRA   0 5 10 15

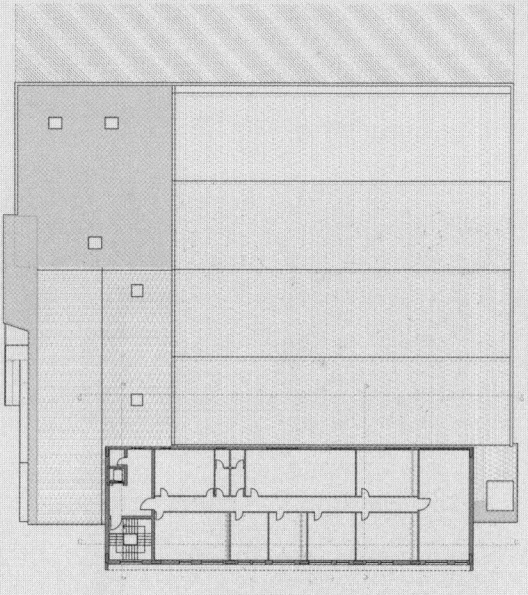

PIANO PRIMO

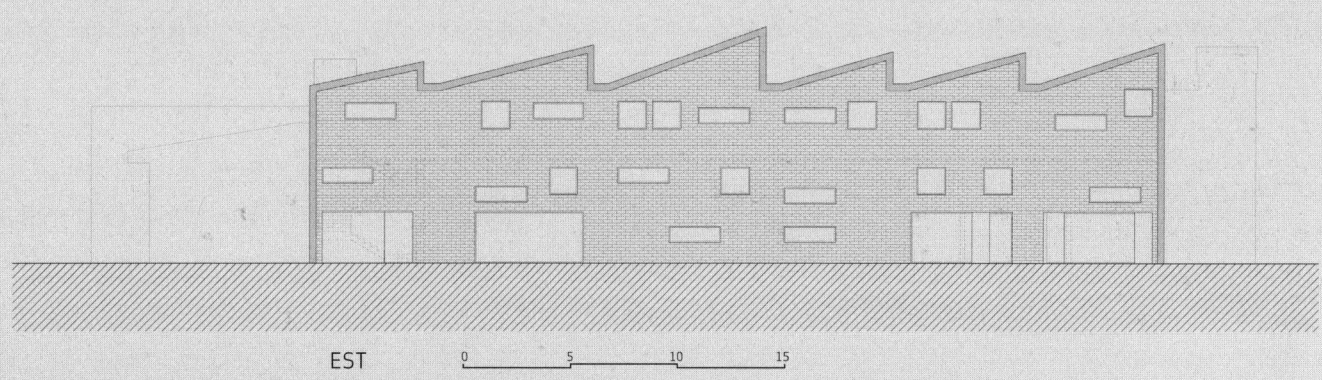

EST   0 5 10 15

A.E.G. SRL
EDIFICIO INDUSTRIALE CON UFFICI
INDUSTRIAL BUILDING WITH OFFICES

MALO (VI), ITALY

Diego Chilò, Fabio Calore, Pierantonio Dalla Riva, Roberto Girardin;
committenza: A.E.G. S.r.l., Malo (VI); **area:** 7160 mq; **intervento:** sup. coperta 1610 mq, sup. sviluppata 1780 mq; **consulenti:** Bruno Cappellotto, Darik Gastaldello, Gianantonio Manfrin, Mariano Magnabosco, Maurizio Munari, Umberto Pivetta; **anno:** 2009-2012

Diego Chilò, Fabio Calore, Pierantonio Dalla Riva, Roberto Girardin;
customer: A.E.G. S.r.l., Malo (VI); **area:** 7160 sqm; **work:** covered area 1610 sqm, developed area 1780 sqm; **consultants:** Bruno Cappellotto, Darik Gastaldello, Gianantonio Manfrin, Mariano Magnabosco, Maurizio Munari, Umberto Pivetta; **year:** 2009-2012

Il completamento di aree precedentemente urbanizzate e destinate al processo produttivo è la conseguenza del blocco degli spazi a disposizione e il cambiamento degli orizzonti a partire dal 2010. Un nuovo edificio ai piedi delle colline del comune di Malo, composto da una parte produttiva e da una direzionale costituiti da due volumi accostati ben definiti, perfettamente identificabili nelle loro funzioni. Una collocazione nell'area in parte imposta per rispettare precisi allineamenti dettati da norme urbanistiche ed in parte condizionati dalla presenza di un edificio esistente a lato.
Un grande parallelepipedo bianco, a elementi prefabbricati con un interno a pianta libera per dare la massima flessibilità, identifica la parte produttiva. Di contrasto la palazzina uffici, posta in aderenza e apparentemente ad un solo piano per il notevole dislivello fra l'area e la strada e per un piano sottostante totalmente rientrato, sembra essere quasi sospesa davanti al capannone. Due segni orizzontali, uno in alto e l'altro in basso, incorniciano il volume dove alle parti cieche in mattoni a vista fanno da contrappunto le ampie vetrate protette, nel fronte di ingresso, da una profonda pensilina in acciaio che protegge e chiude simbolicamente le vetrate diventando contestualmente rampa/percorso per l'accesso al fabbricato.

Completion of the areas, previously urbanized and intended for the production process, is the consequence of blocks put on making new space available and the change of the horizons starting from 2010. This project involved constructing a new building at the foot of the hills of the municipality of Malo, composed of a production and directional parts consisting of two well defined juxtaposed units, perfectly identifiable by their functions. The location was partly imposed by the need to meet precise alignments dictated by planning rules and partly conditioned by the presence of an existing building to the side.
A large white rectangular parallelepiped, made out of prefabricated elements, done in an open-plan style in order to offer maximum flexibility makes up the production part. By contrast, the office building, which is attached to it seems to have only one floor due to a considerable difference in height between the ground and the road level and because of a fully retracted floor, seems to be almost suspended in front of the other building. Two horizontal marks, one at the top and the other at the bottom, frame the building where blind parts in brick are a counterpoint to large protected windows, in front of the entrance, by a deep steel canopy that protects and symbolically closes windows contextually becoming ramp/path providing access to the building.

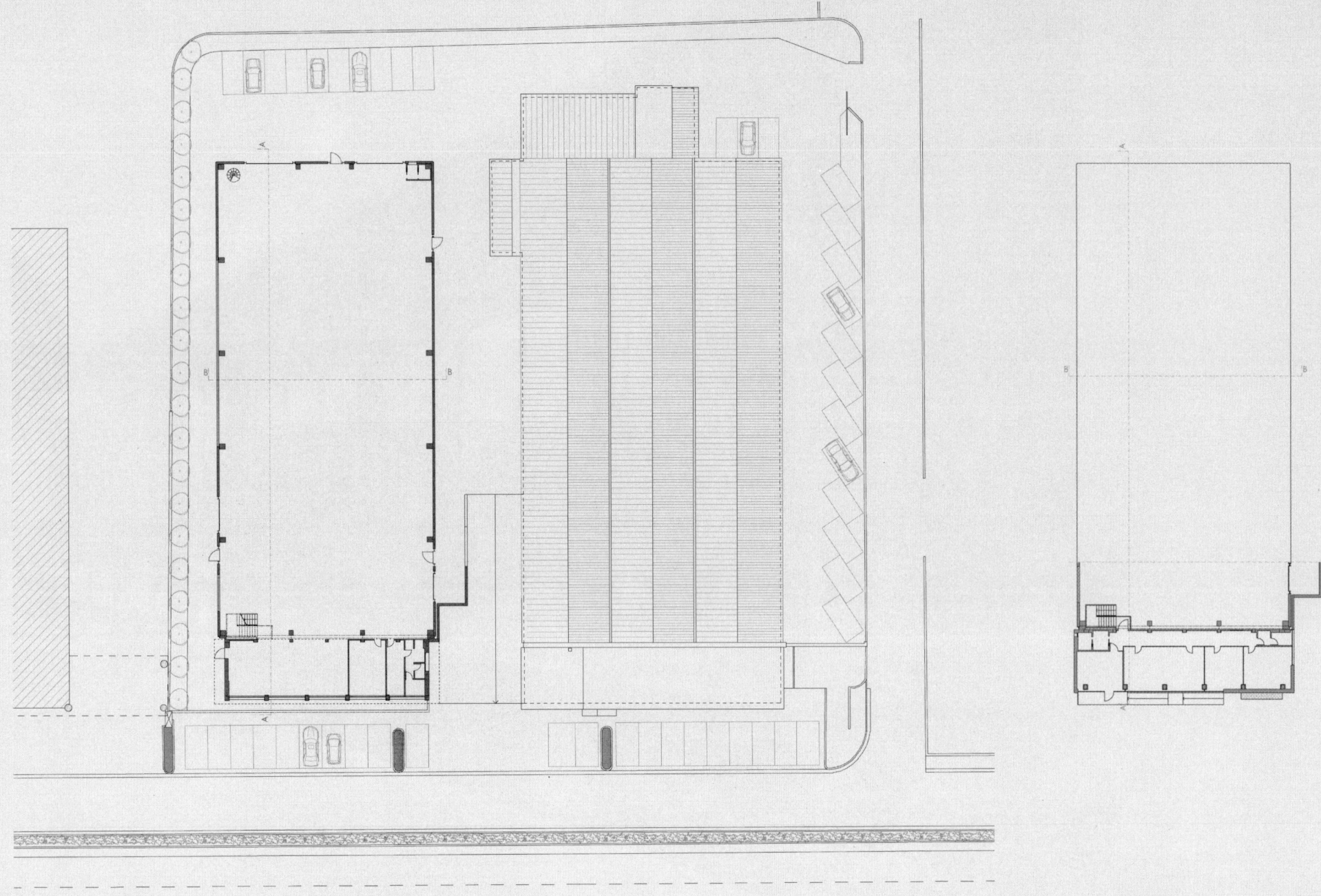

PIANO INTERRATO 0 5 10 15

PIANO TERRA

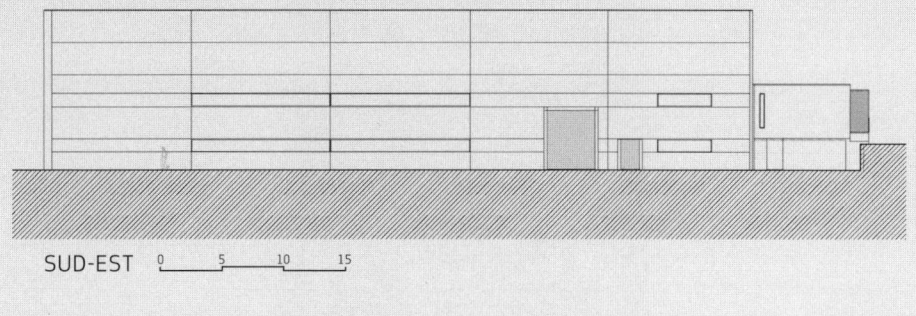
SUD-EST 0 5 10 15

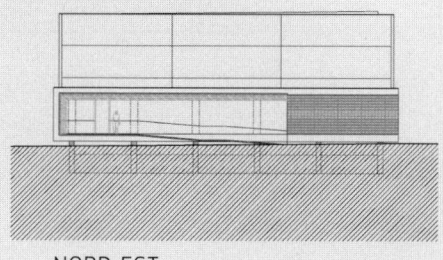
NORD-EST

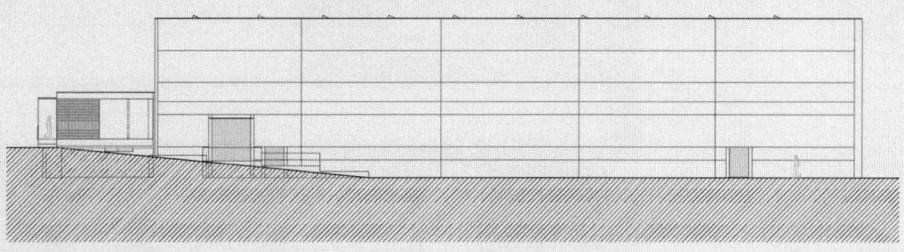
NORD-OVEST

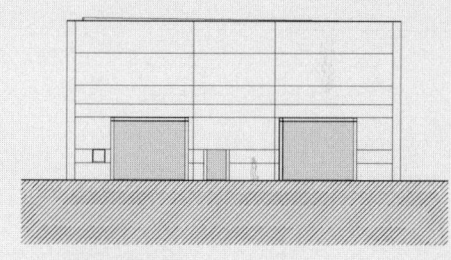
SUD-OVEST

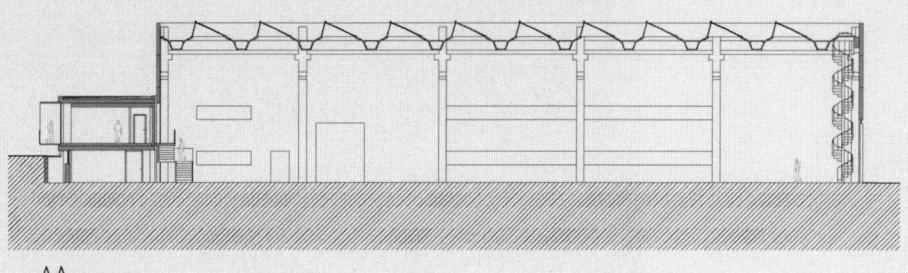
AA

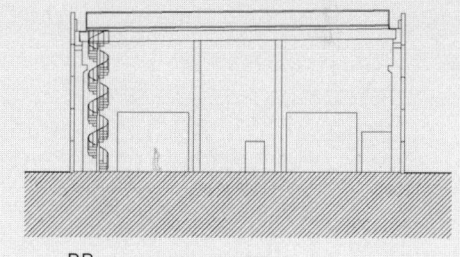
BB

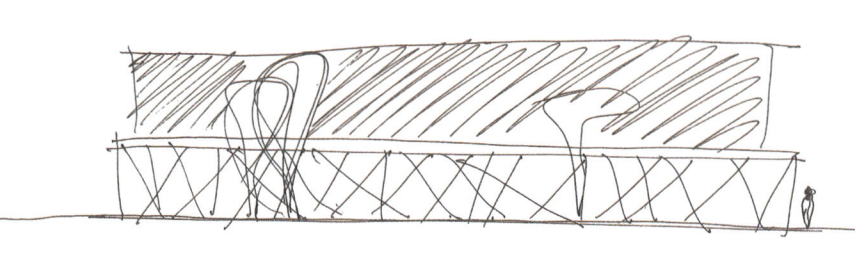

ENERGONUT
RICOMPOSIZIONE ARCHITETTONICA DEL TERMOVALORIZZATORE
ARCHITECTURAL RECONSTRUCTION OF AN INCINERATOR

POZZILLI (IS), ITALY

Diego Chilò, Fabio Calore, Maurizio Munari, Roberto Girardin
committenza: Energonut S.p.a., Pozzilli (IS); **area:** 43000 mq; **intervento:** 36000 mq; **anno:** 2008; non realizzato

Diego Chilò, Fabio Calore, Maurizio Munari, Roberto Girardin
customer: Energonut S.p.a., Pozzilli (IS); **area:** 43000 sqm; **work:** 36000 sqm; **year:** 2008; unrealized

Il tema affrontato in una regione, il Molise, nettamente diversa per orografia e natura rispetto ai luoghi dove abitualmente si svolge l'attività dello studio, diventa l'occasione per applicare le logiche della trasformazione dei fabbricati industriali rivolti alla riconversione del processo legato al cambio della tecnologia produttiva.
Il sito in cui si colloca il progetto è costituito in prevalenza da un insieme di impianti tecnologici separati gli uni dagli altri e costituenti, nell'insieme, l'impiantistica di un inceneritore.
L'intento è quello di trasformare tali elementi in edifici puri e perfettamente riconoscibili, disposti secondo un preciso schema planimetrico, attraverso l'impiego di un rivestimento esterno che funge da pelle e costituito da pannelli in lamiera stirata e verniciata che consente di mascherare gli elementi impiantistici esistenti garantendo allo stesso tempo la ventilazione necessaria per il loro corretto funzionamento.
Per l'elemento emergente, costituito dall'inceneritore dell'impianto, è stata prevista la costruzione di un volume trasparente in vetro, leggermente rientrante rispetto al rivestimento in lamiera, che, illuminato durante le ore notturne, diventa una sorta di fiammifero o candela che brucia costantemente e che è fortemente riconoscibile e caratterizzante il paesaggio circostante.
Temi quali …
LA NATURA, mediante un processo di integrazione, mascheramento, con particolare riguardo ai colori dell'ambiente circostante;
LA PIAZZA, luogo di incontro tra le persone;
L'ACQUA, elemento naturale che genera vita, benessere, suggestioni, sensazioni …
… sono gli elementi caratterizzanti il progetto.

The issues addressed in one region, Molise, markedly different in topography and nature to the places where the studio usually operates, became an opportunity to apply the logic of the conversion of industrial premises aimed at the reconversion of the process linked to the change of the production technology.
The site of the project consisted mainly of a collection of technological systems separated from each other and forming, together, the equipment of an incinerator.
The intent was to transform these separate units in clearly defined and perfectly recognizable buildings, arranged according to a precise planimetric plan, through the use of an external cladding acting as a skin and consisting of pressed and painted sheet metal panels allowing to mask the existing elements of the equipment ensuring at the same time the air circulation necessary for their proper functioning.
The new element, consisting of the incinerator equipment, was designed as a transparent glass structure, slightly sunken with respect to the sheet metal covering, which, lit at night, gives an effect of a match or candle burning constantly and that it is highly recognizable and distinctive on the surrounding landscape.
Themes such as…
NATURE: through a process of integration, masking, with particular respect of the colours of the surrounding environment;
THE SQUARE: a meeting place for people;
WATER: natural element that generates life, well-being, suggestions, feelings …
… are the elements that characterise the project.

PLANIMETRIA 0 5 10 15

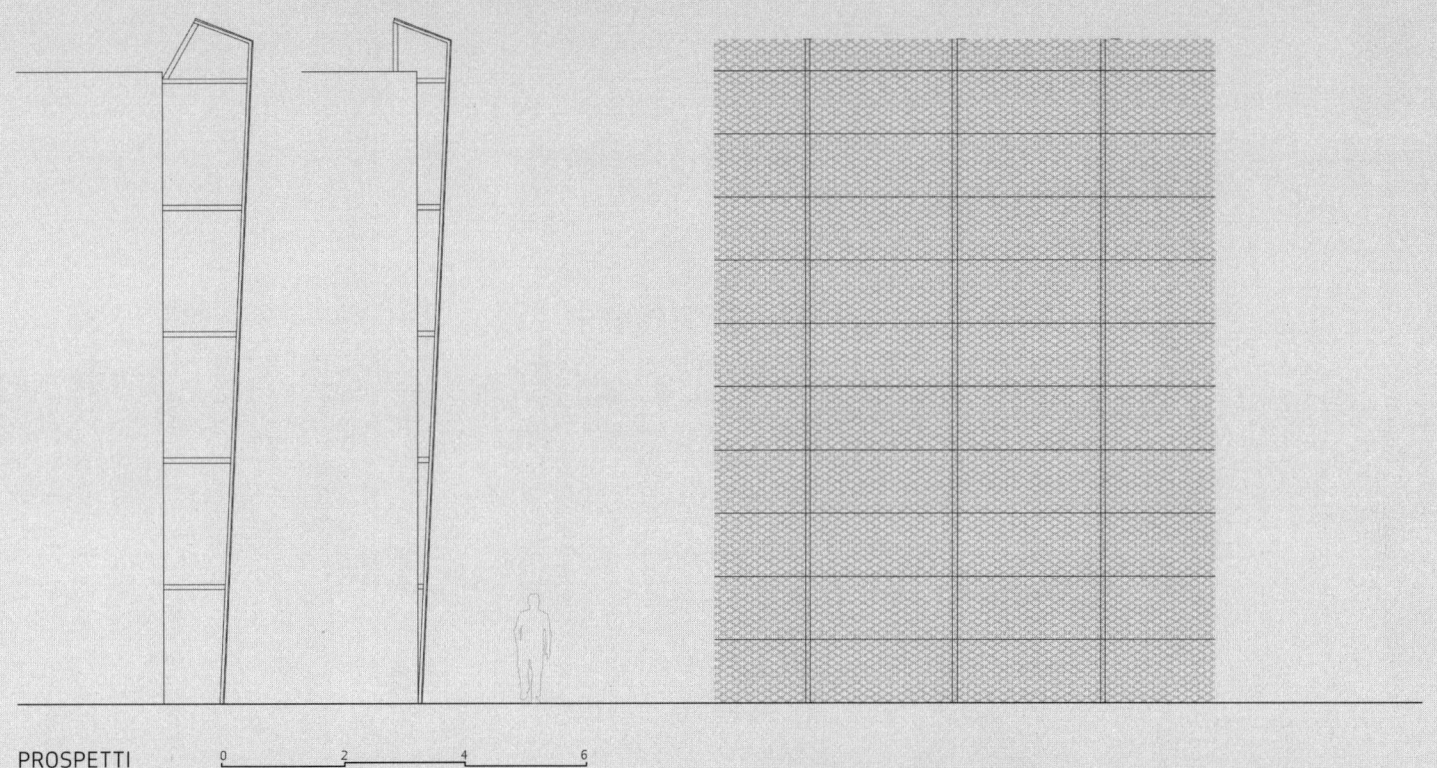

PROSPETTI   0 2 4 6

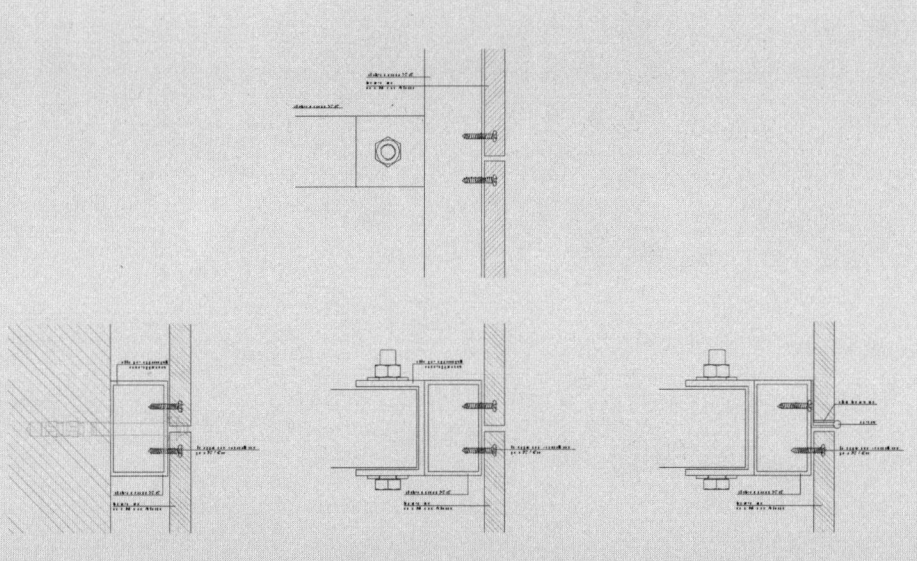

SIRMEC SRL
EDIFICIO INDUSTRIALE CON UFFICI
INDUSTRIAL BUILDING WITH OFFICES

BREGANZE (VI), ITALY

Diego Chilò, Fabio Calore, Roberto Girardin
committenza: Sirmec Impinati S.r.l., Breganze (VI); **area:** 4920 mq; **intervento:** sup. coperta 2280 mq, sup. sviluppata 3010 mq; **consulenti:** Andrea Massagrande, Fidenzio Benedetti, Gianantonio Manfrin, Massimo Frosi, Maurizio Munari, Paolo Bruttomesso; **anno:** 2007-2008

Diego Chilò, Fabio Calore, Roberto Girardin
customer: Sirmec Impinati S.r.l., Breganze (VI); **area:** 4920 sqm; **work:** covered area 2280 mq, developed area 3010 sqm; **consultants:** Andrea Massagrande, Fidenzio Benedetti, Gianantonio Manfrin, Massimo Frosi, Maurizio Munari, Paolo Bruttomesso; **year:** 2007-2008

La provincia di Vicenza, come buona parte del Veneto, è caratterizzata da una miriade di piccole aree industriali con una dispersione di insediamenti spesso anonimi e avulsi dal contesto circostante. Tale situazione è stata il punto di partenza per creare un progetto in grado di comunicare e di integrarsi con il luogo anche mediante semplici dettagli architettonici. Una palazzina direzionale su tre livelli in cui il sistema distributivo interno è stato organizzato su un nucleo di percorsi verticali e due fasce parallele al capannone contenenti ciascuna funzioni diverse ben identificabili in ogni livello.
L'immagine esterna è scandita da una grande facciata a vetri contenuta in un finto schermo di tubi metallici rivolti verso il cielo che si interrompe solo in prossimità degli accessi all'edificio.
Architettura, finzione, espressione dell'attività svolta dall'azienda. Il tubo, luogo dove scorrono i fluidi ed elemento primario per una ditta di termoidraulica, viene esaltato attraverso un uso inconsueto. La rappresentazione simbolica dell'attività, che solitamente è associata a rigidi schemi di reticoli distributivi, entra nella finzione laddove lo schermo perde rigidità, cioè dove il tubo si inclina, si piega, si deforma, acquistando spazialità, dove l'uno diventa diverso dall'altro, come il canneto del contiguo fiume Astico piegato dal vento.

The province of Vicenza, like most of the Veneto region, is characterized by a myriad of small industrial areas with a scattering of premises often anonymous and detached from the surrounding context. This state of affairs was the starting point for the creation of a project able to communicate and integrate with its location also through simple architectural details. The project consisted of a three level office building where the internal distribution system was centred around a core of vertical paths and two bands in parallel with the warehouse, each containing different functions easily identifiable at every level.
The external look is marked by a large glass façade contained in a mock frame made out of metal pipes facing the sky that are interrupted only in the vicinity of the building's entrances.
It conveys the idea of architecture and fiction and is the expression of the company's activity. The tube, the flowing fluids element and the primary element for a heating and plumbing company, is given a particular importance through an unusual use. The symbolic representation of the activity, which is usually associated with rigid patterns of a distribution grid, enters the world in which the screen loses rigidity, that is, where the tube tilts, bends, deforms, acquires spatiality, where one becomes different from the other, like the reeds growing around Astico river bent by the wind.

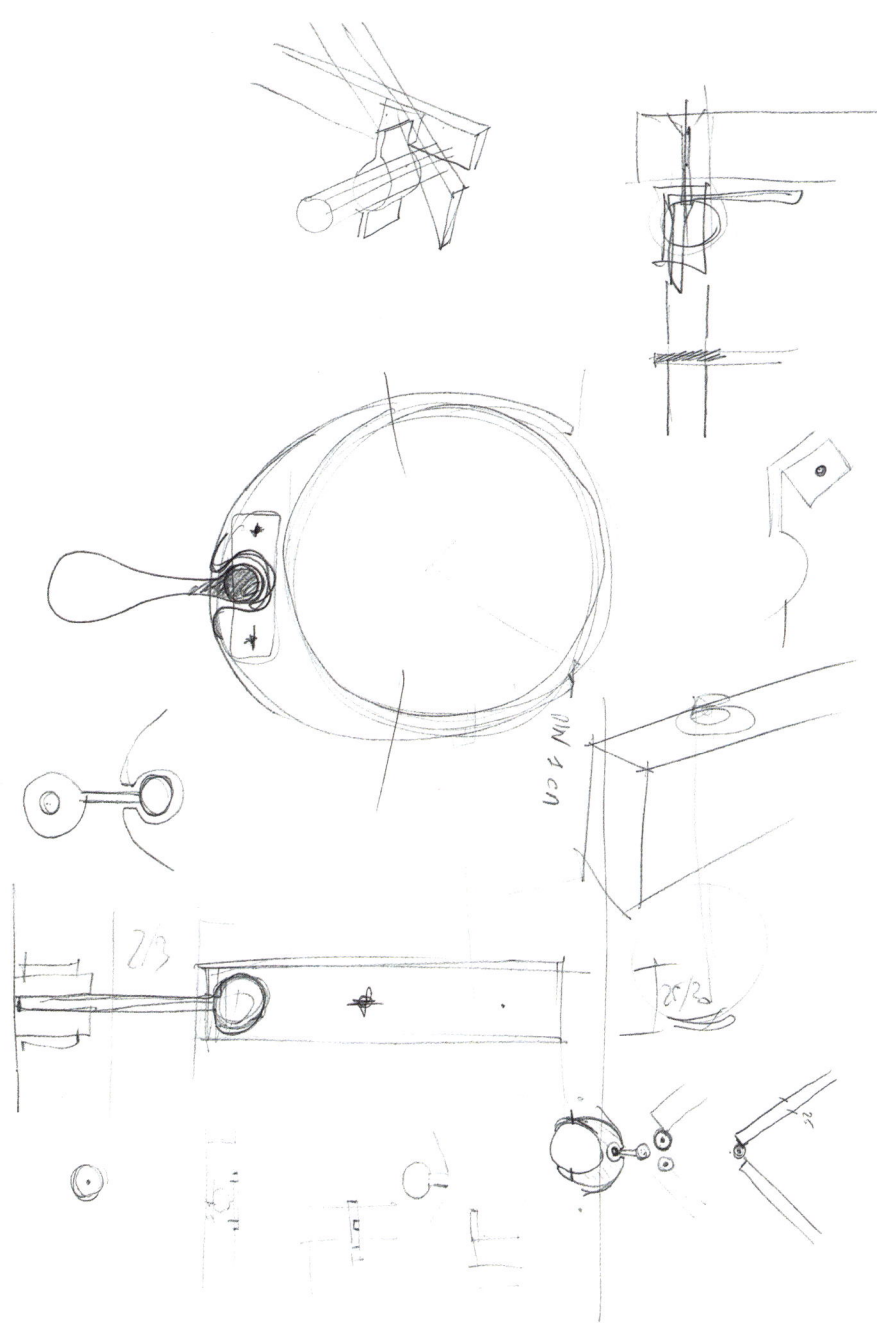

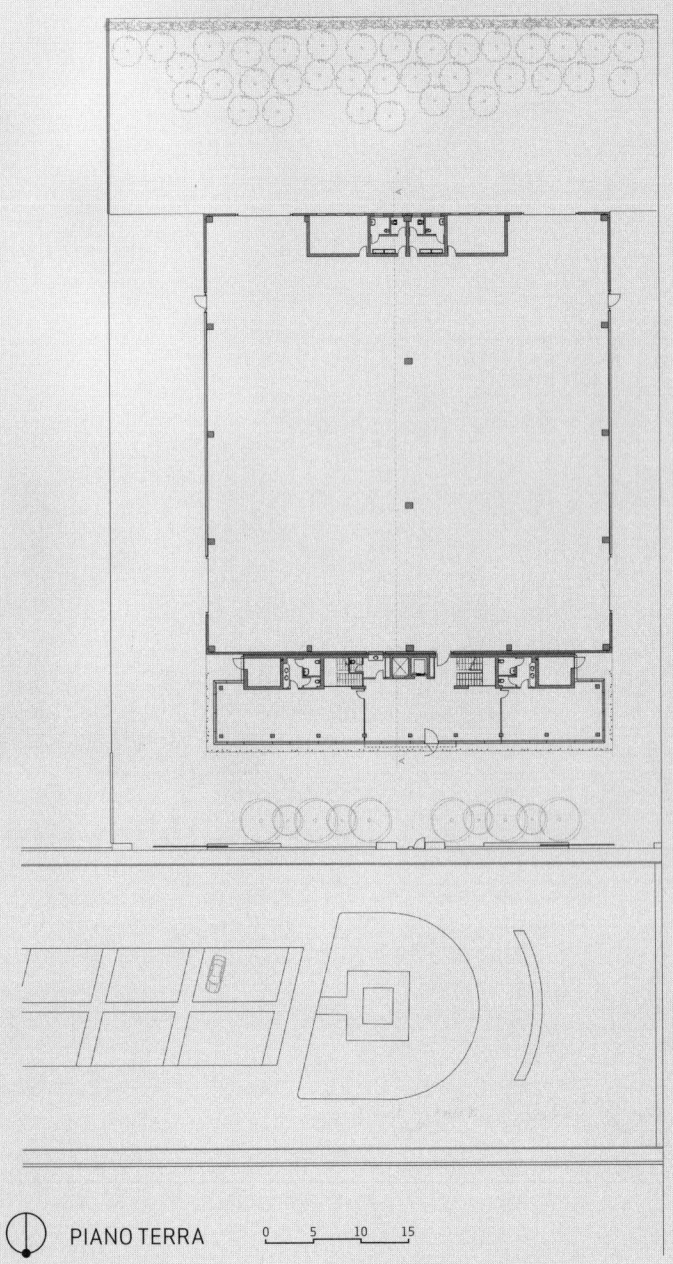
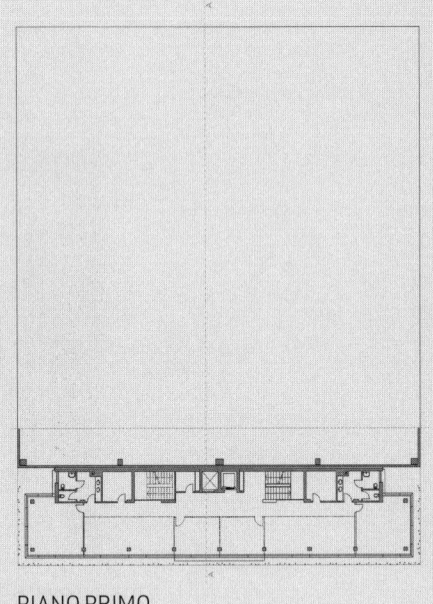
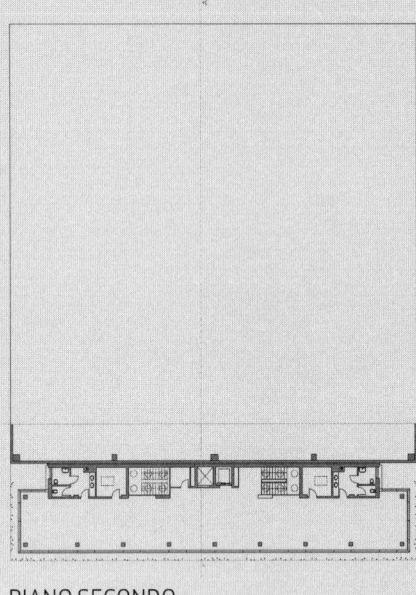

PIANO PRIMO

PIANO SECONDO

PIANO TERRA 0 5 10 15

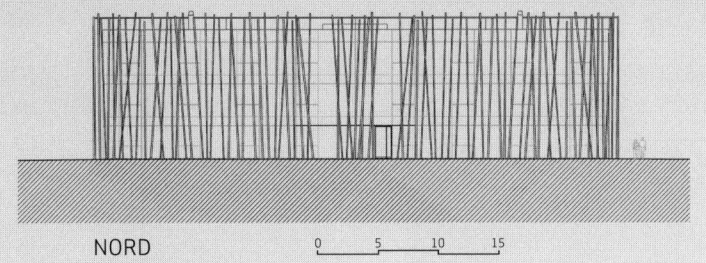

NORD

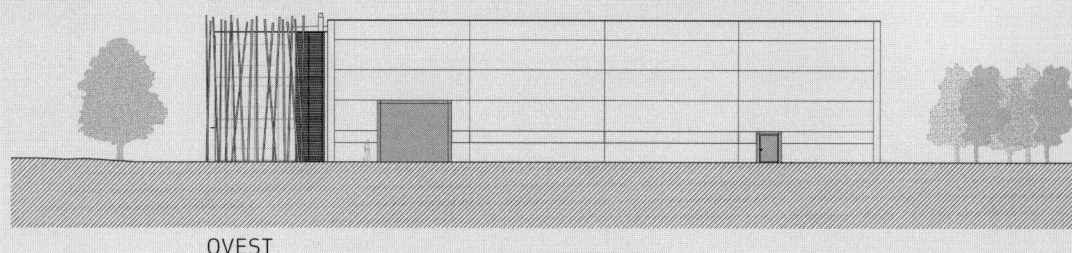

OVEST

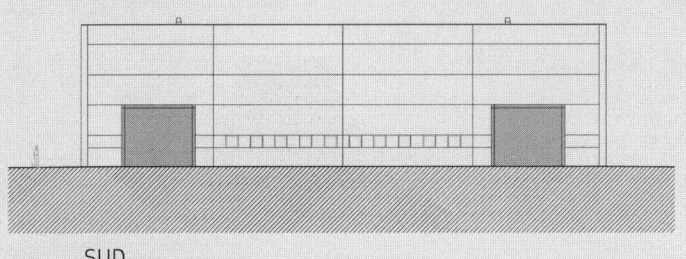

SUD

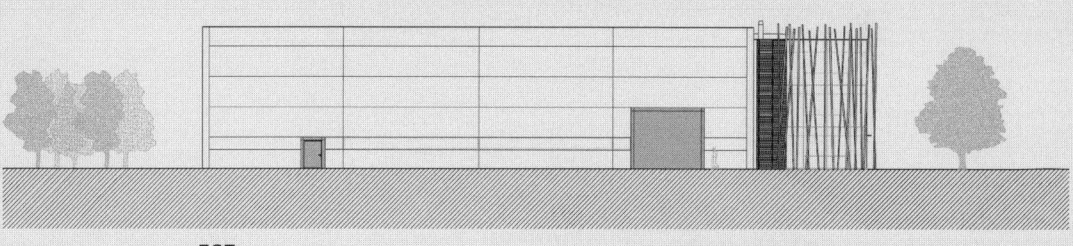

EST

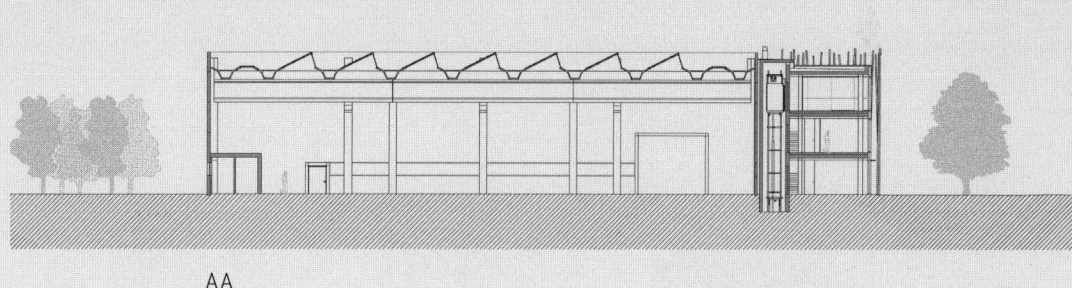

AA

VALEX SPA
EDIFICIO INDUSTRIALE CON UFFICI
INDUSTRIAL BUILDING WITH OFFICES

SCHIO (VI), ITALY

Diego Chilò, Fabio Calore, Roberto Girardin
committenza: Valex S.p.A., Schio (VI); area: 55100; intervento: sup. coperta 16200 mq, sup. sviluppata 19000 mq; anno: 2007; non realizzato

Diego Chilò, Fabio Calore, Roberto Girardin
customer: Valex S.p.A., Schio (VI); area: 55100 sqm; work: covered area 16200 sqm, developed area 19000 sqm; year: 2007; unrealized

La richiesta della committenza era stata quella di realizzare un nuovo volume che raddoppiasse il già esistente contenitore realizzato alcuni anni prima e destinato a magazzino di stoccaggio; questo intervento avrebbe dovuto prestare particolare attenzione anche al contenimento dei costi.

L'ampliamento del comparto destinato a magazzino era stato progettato pensando ad un edificio di forma regolare, come quello esistente ma rivestito da una "pelle" esterna realizzata con dei pannelli prefabbricati caratterizzati da una regolare costolatura orizzontale, appositamente studiati, al fine di ridurre le temperature causate dall'irraggiamento solare. La parte tecnica e amministrativa del complesso, composta da più volumi diversi tra loro nella geometria e nelle dimensioni, era prevista sul fronte posto a sud dell'area d'intervento, prospiciente la viabilità principale che dal centro porta ai paesi limitrofi e al nodo autostradale della Valdastico.

Nel corpo di forma rettangolare sarebbero stati collocati gli uffici mentre le sale di ricerca e quelle dedicate all'esposizione erano state identificate nell'elemento ellittico; i tre volumi principali erano stati posizionati leggermente distaccati e ruotati l'uno dall'altro per sottolinearne le diverse funzioni ma al contempo realizzando degli elementi che fossero in sintonia con il territorio e rompessero la regolarità e la linearità del fronte.

La scelta di posizionare il corpo uffici e quello dedicato alla ricerca sul fronte sud avrebbe permesso di porre particolare attenzione agli aspetti energetici, illuminotecnici e di immagine aziendale anche mediante l'applicazione di attuali e specifiche tecnologie che pongono particolare attenzione al recupero energetico.

The request of the client was to create a new building which would double the size of the already existing building implemented some years before used as warehouse storage. Keeping the budget low was of the highest priority in this project.

The extension of the warehouse storage building was designed to be of a regular shape, as the existing one but at the same time covered by an "external skin" made of prefabricated panels with regular horizontal ribbing, specifically designed in order to reduce the temperatures resulting from solar radiation. The administrative and technical part of the complex, composed of several buildings, geometrically and size-wise different from each other, was meant to be positioned in the south of the project area, facing the main road that leads from the centre to neighbouring counties and to the motorway junction of the Valdastico road.

The offices were supposed to be placed in the rectangular core of the building while the research and exhibition rooms would have been placed in the elliptical part. The three main buildings were positioned slightly detached and rotated from one another in order to highlight their different functions but at the same time making the elements that were in harmony with the surroundings and broke the regularity and the linearity of the front. The decision to place the office and research rooms in the southern part of the building would have allowed us to respect the energy saving aspects of the design, lighting and the image of the company especially taking into account the energy saving requirements that current technologies have.

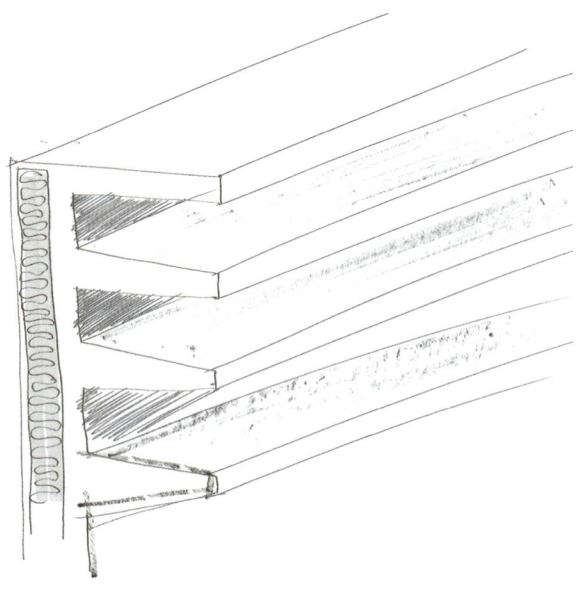

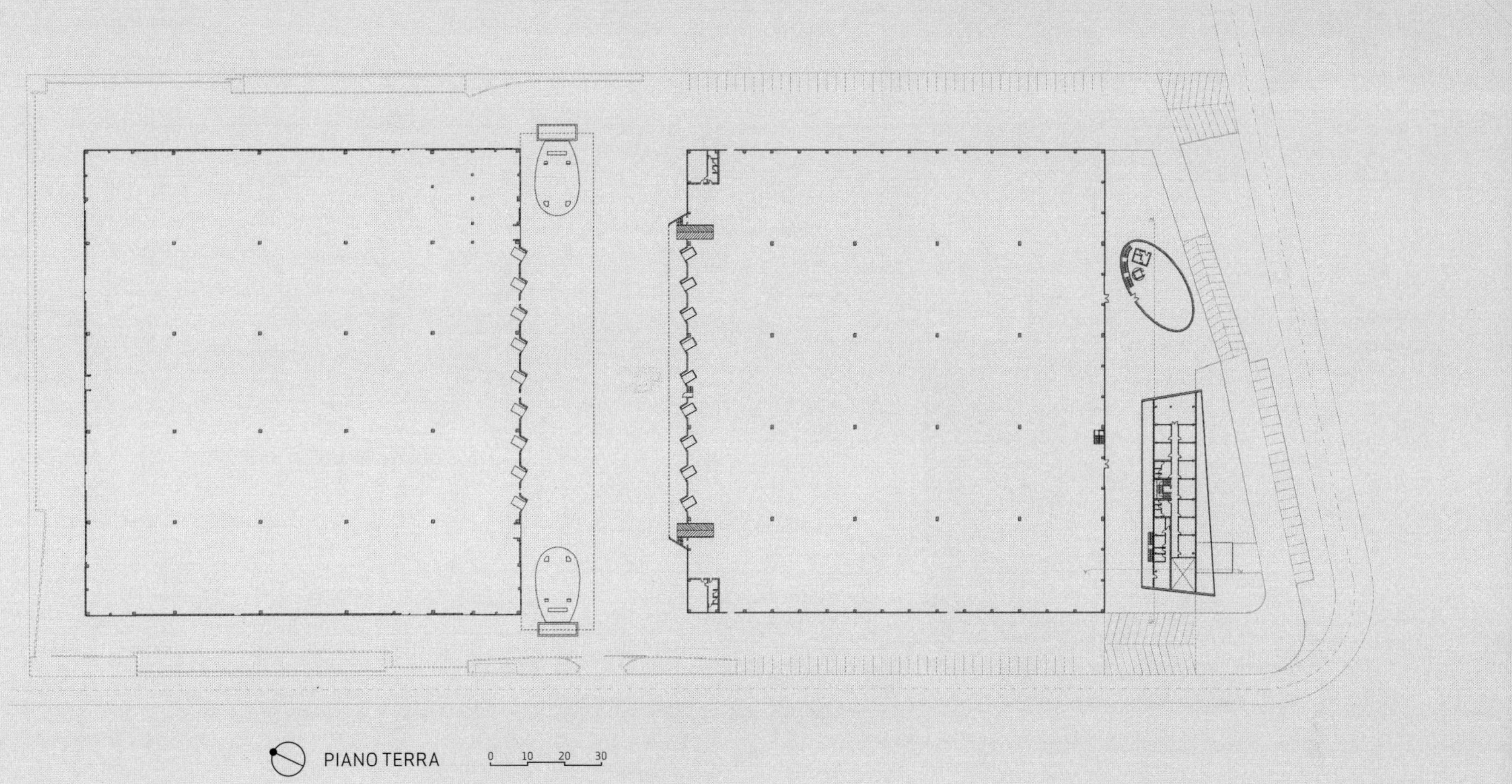

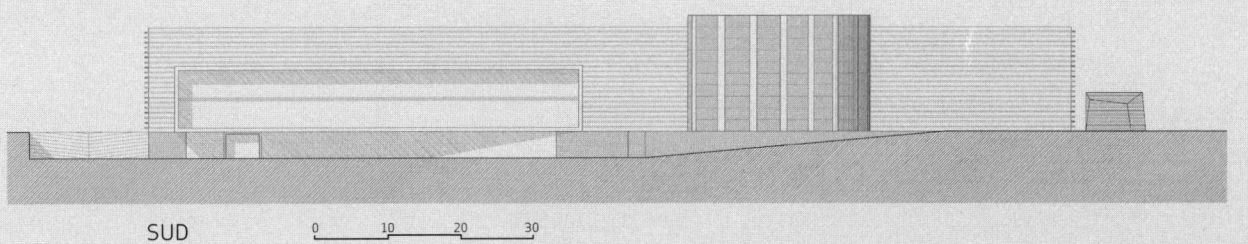

PIANO TERRA   0 10 20 30

SUD   0 10 20 30

LA NORDICA SPA / EXTRAFLAME SPA
EDIFICIO INDUSTRIALE
SERVICES INDUSTRIAL BUILDING

BREGANZE (VI), ITALY

Diego Chilò, Fabio Calore, Roberto Girardin
committenza: La Nordica S.p.a. e Extraflame S.p.a., Breganze (VI); **area:** 11860 mq; **intervento:** sup. coperta 5740 mq, sup. sviluppata 5890 mq; **consulenti:** Bruno Cappellotto, Darik Gastaldello, Gianantonio Manfrin, Maurizio Munari, Maurizio Schiesaro, Pietro Gatto, Umberto Pivetta; **anno:** 2006-2007

Diego Chilò, Fabio Calore, Roberto Girardin
customer: La Nordica S.p.a. e Extraflame S.p.a., Breganze (VI); **area:** 11860 sqm; **work:** covered area 5740 sqm, developed area 5890 sqm; **consultants:** Bruno Cappellotto, Darik Gastaldello, Gianantonio Manfrin, Maurizio Munari, Maurizio Schiesaro, Pietro Gatto, Umberto Pivetta; **year:** 2006-2007

Progetti che riflettono la riorganizzazione della propria attività collegata con lo sfondo paesaggistico tipico della zona veneta, diventano elementi integranti della nuova realtà produttiva industriale. I cambiamenti in atto dei fabbricati portano a immaginare volumi legati alla logistica aziendale sempre più integrati e riconoscibili.

Un nuovo fabbricato produttivo per due aziende dove precise norme urbanistiche e la particolare conformazione dell'area hanno condizionato la forma e le dimensioni di questo progetto. Nasce così un preciso contrasto tra la parte destinata alla produzione (assemblaggio) e allo stoccaggio (del finito), caratterizzata da una sagoma planivolumetrica regolare ad "L" ed una grande tettoia metallica strallata a protezione dell'area carico-scarico capace di seguire con le proprie ali tutta la deformazione del lotto e diventare, con il proprio pennone, l'elemento di identificazione e di immagine del progetto, visibile anche da lontano.

Projects that reflect the reorganization of company's activities related to the landscape typical of the Veneto region, are becoming the integral elements of the new industrial production business. Changes in the building industry lead to the creation of designs that take into account company logistics which are increasingly integrated and recognizable.

This project involved construction of a new production building for two companies, the shape and size of which were dictated by precise planning rules and the particular shape of the area. The result is a clear contrast between the parts devoted to production (assembly) and storage (of the final product), characterized by regular planivolumetric "L" shape contour and a large metal guyed roof protecting the loading-unloading area able to sustain with its wings all the deformation forces that became, with its flagpole, the identification element and project image, visible from afar.

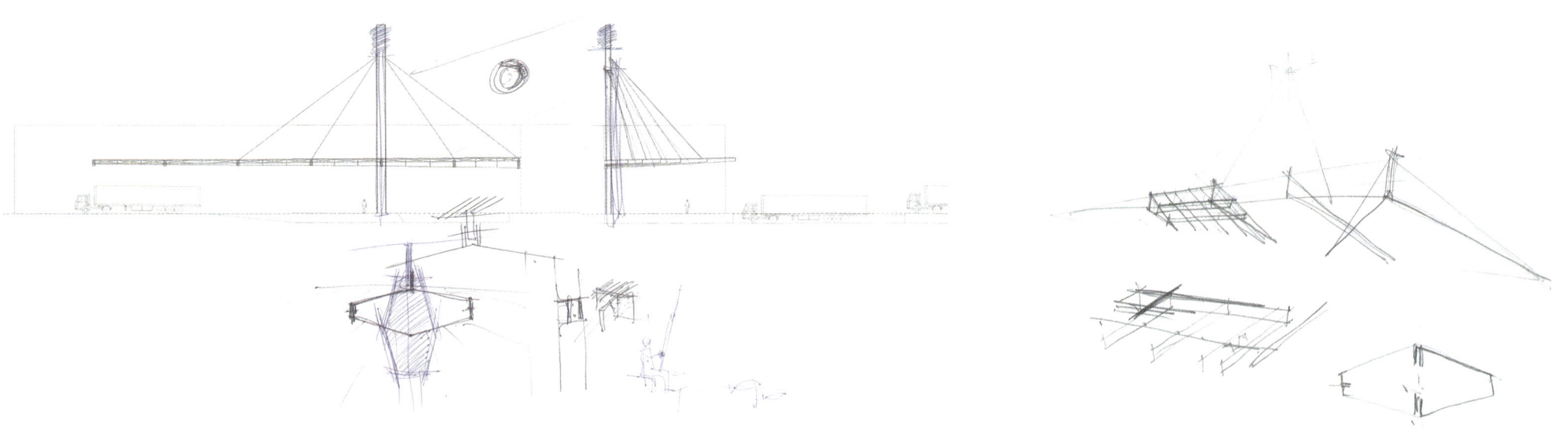

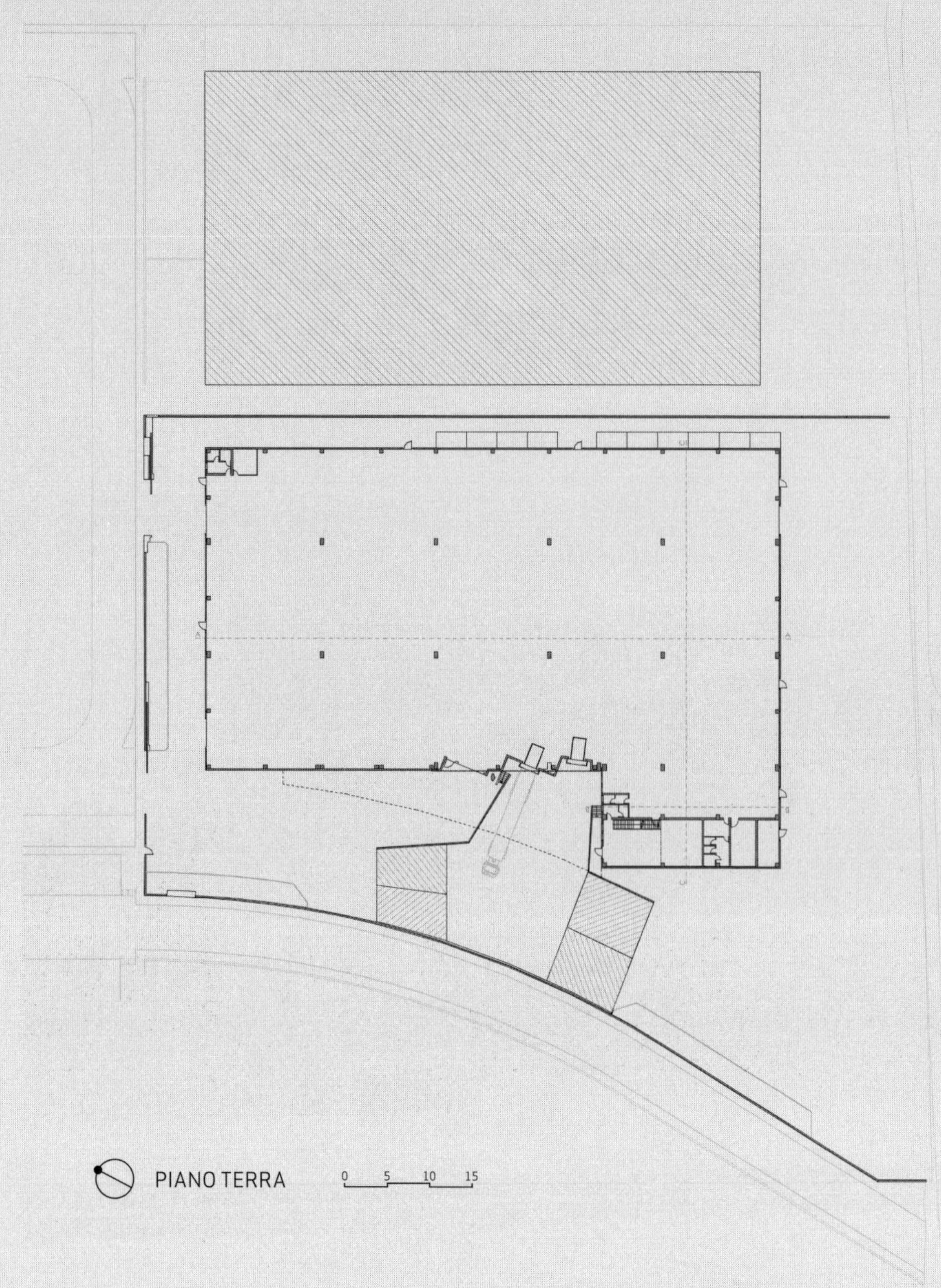

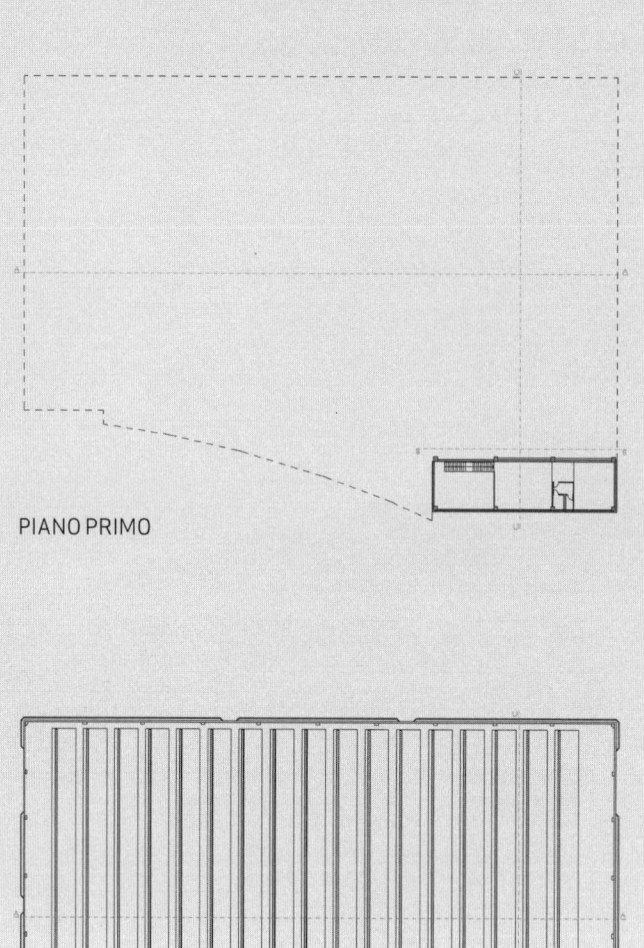

PIANO PRIMO

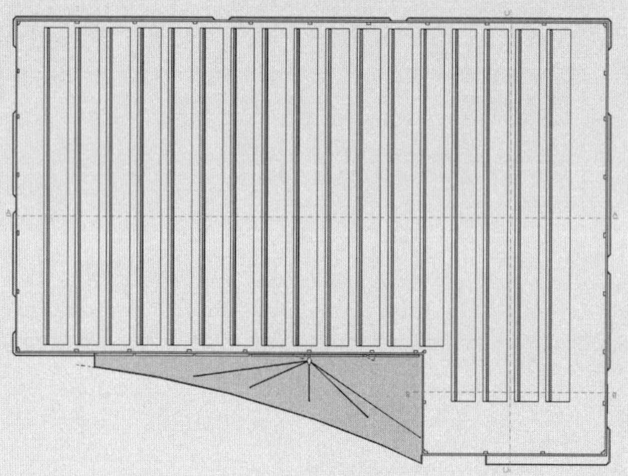

COPERTURA

PIANO TERRA 0 5 10 15

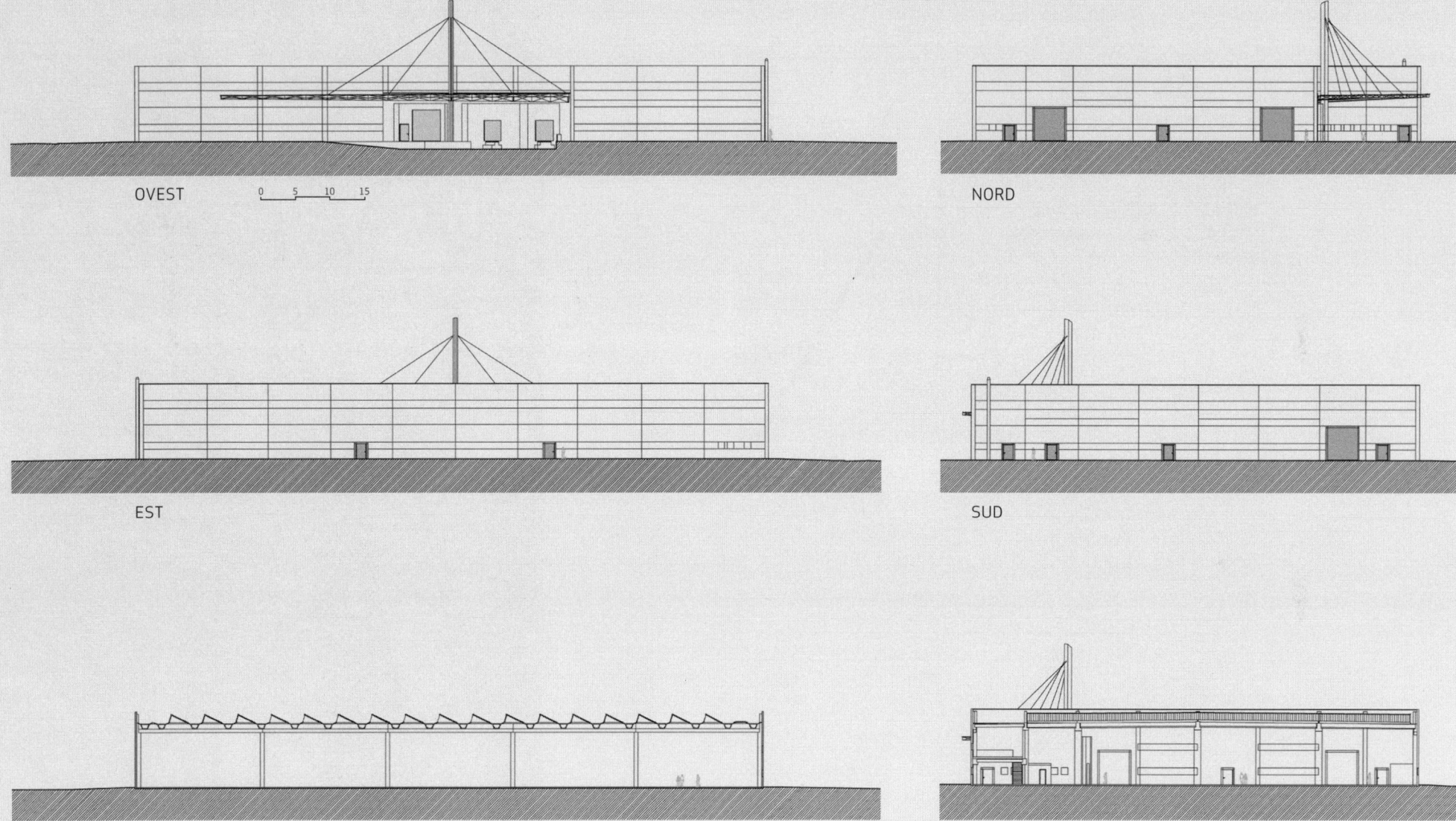

GAS JEANS
SHOWROOM INTERNO
INTERNAL SHOWROOM

CHIUPPANO (VI), ITALY

Diego Chilò, Fabio Calore
committenza: Grotto S.p.a., Chiuppano (VI); intervento: 500 mq; consulenti: Maurizio Munari; anno: 2006-2007

Diego Chilò, Fabio Calore
customer: Grotto S.p.a., Chiuppano (VI); work: 500 smq; consultants: Maurizio Munari; year: 2006-2007

Una sfida recente è anche l'ottimizzazione interna delle superfici produttive che si trasformano in aree di comunicazione e immagine, che per aziende operanti nel settore dell'abbigliamento devono modificarsi in tempi molto ravvicinati (uno-due anni).
L'intervento, sviluppato all'interno di un'industria di moda, nasce dalla necessità di ripensare gli spazi interni e di liberare tutti i locali esistenti da pareti o divisioni non strutturali, pensando alle nuove funzioni all'interno della fabbrica che diviene non più produttiva bensì spazio di vendita e di comunicazione, in linea con il nuovo percorso commerciale dell'azienda.
È con queste premesse che sono stati reinventati gli spazi e le funzioni collocando l'area espositiva al centro della fabbrica. Lo spazio showroom diventa il fulcro dell'azienda: tre grandi cubi luminosi, ognuno una sorta di negozio trasparente, si affacciano sulla grande piazza-mercato dove ci si incontra, si vende, si parla.
Il punto di partenza era quello di realizzare delle pareti autoportanti idonee ad ospitare veri e propri "negozi" interni autonomi destinati a spazio vendita e di rappresentanza; così nasce l'idea di un sistema composto da un giunto in acciaio con la funzione di nodo strutturale per pareti o schermi di parete su elementi autoportanti, per realizzazioni non solo relative a spazi di merchandising ma anche di natura diversa.

A recent challenge has been the internal optimization of the production surfaces that turn into the areas of communication and image, which for companies operating in the clothing sector have to change quite often (every one-two years).
The project, developed for the fashion industry, was the result of a need to rethink the interior spaces and to free all the existing rooms from walls or non structural separators, bearing in mind new functions inside the factory that would no longer be a productive but retail space and communication, in line with the new commercial orientation of the company.
It is against this background that the spaces and functions were reinvented placing the exhibition area at the centre of the factory. The showroom space became the focus of the company. It consists of three large illuminated cubes, each a kind of transparent shop, overlooking the large square-market where people meet, do sales and talk.
The starting point was to create self-supporting walls suitable to host real "shops", internal, autonomous and intended for retail space and representation. This is what gave rise to an idea of a system composed of a steel joint acting as a structural node for the walls or screens on the self-supporting wall elements, suitable for lay-outs that are not only related to merchandising spaces but also of the spaces of other nature.

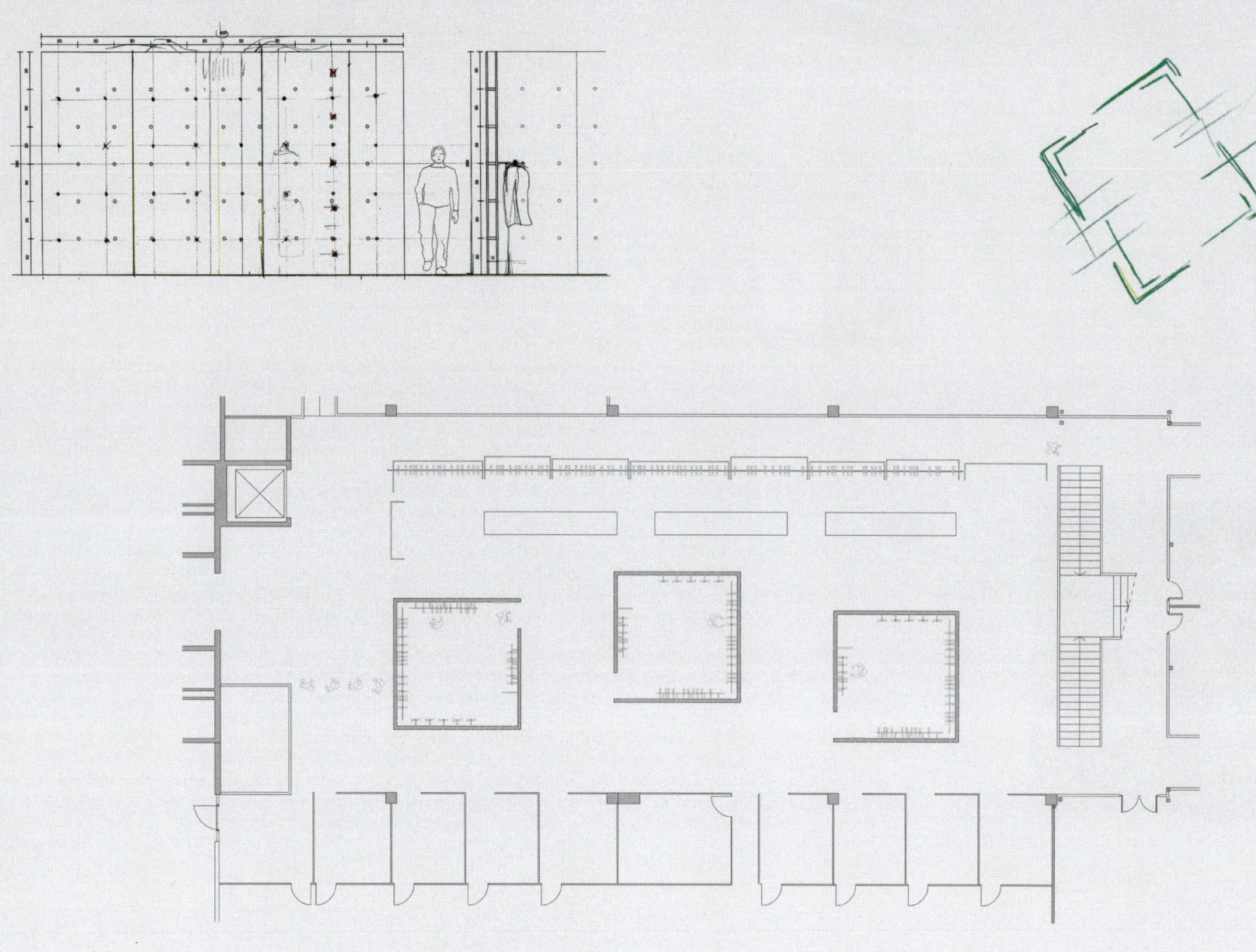

PIANTA

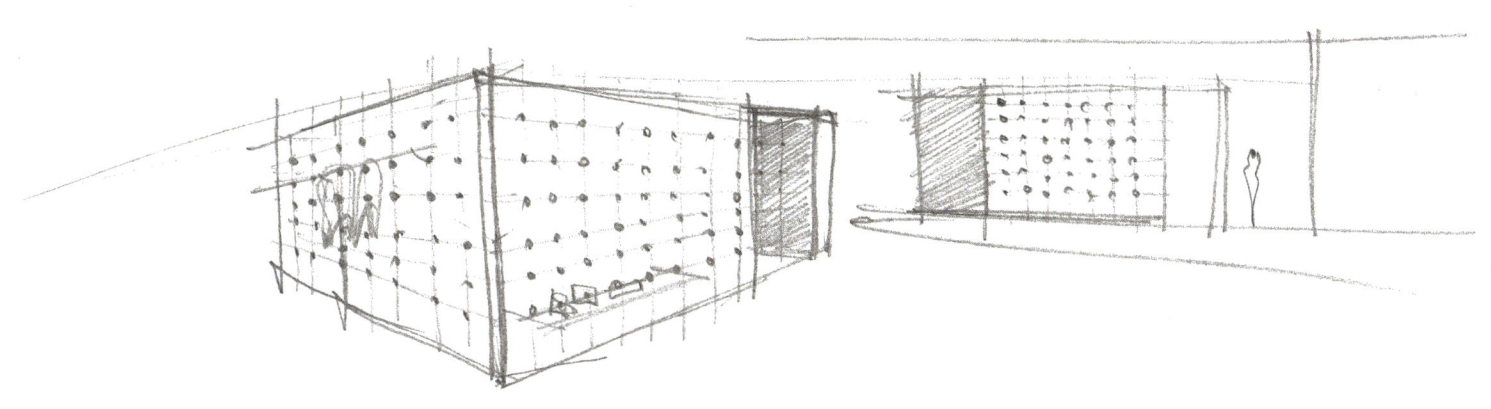

pesi
4mm
6
15 max
Chiave
stiamo verificando
l'impronta

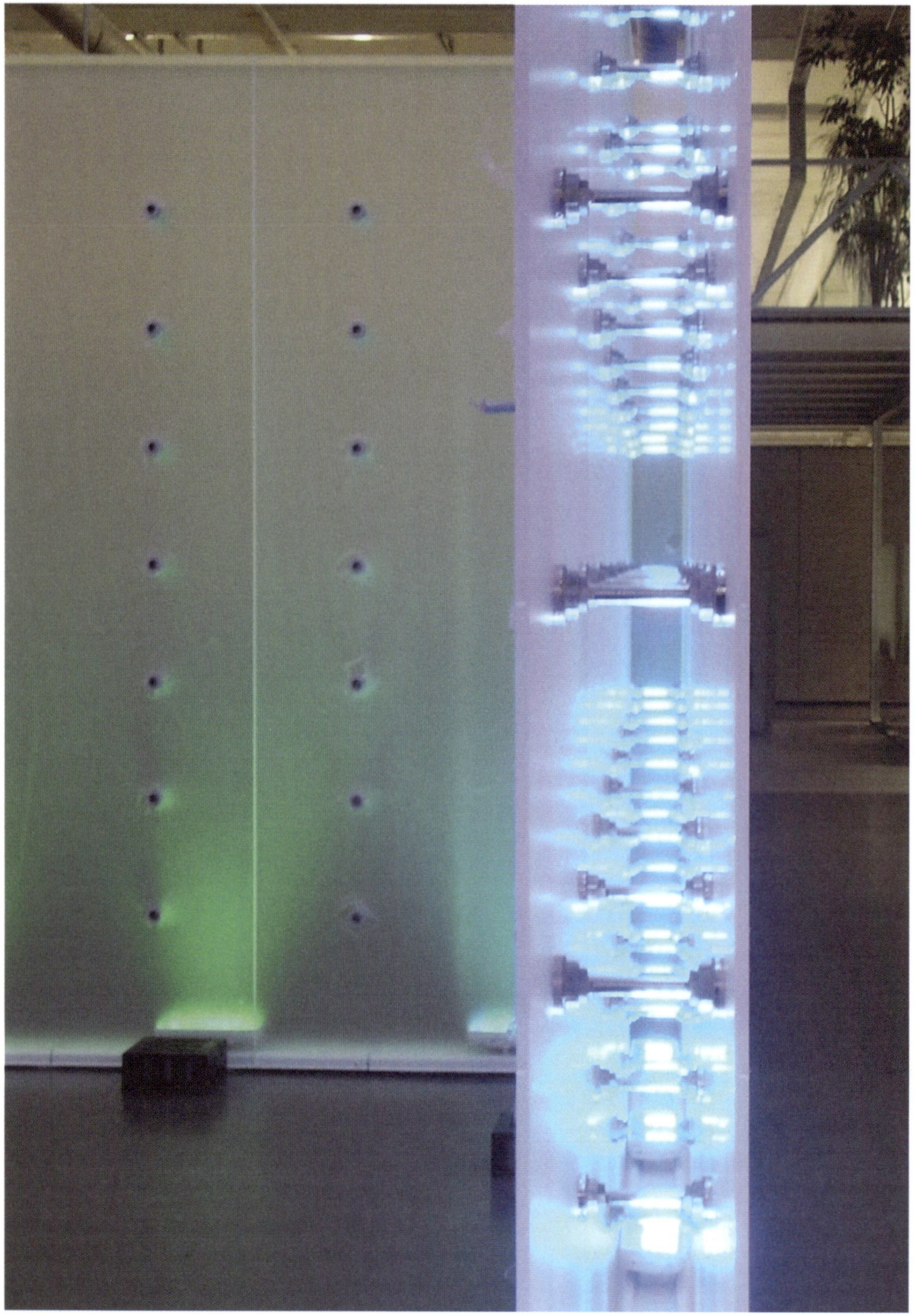

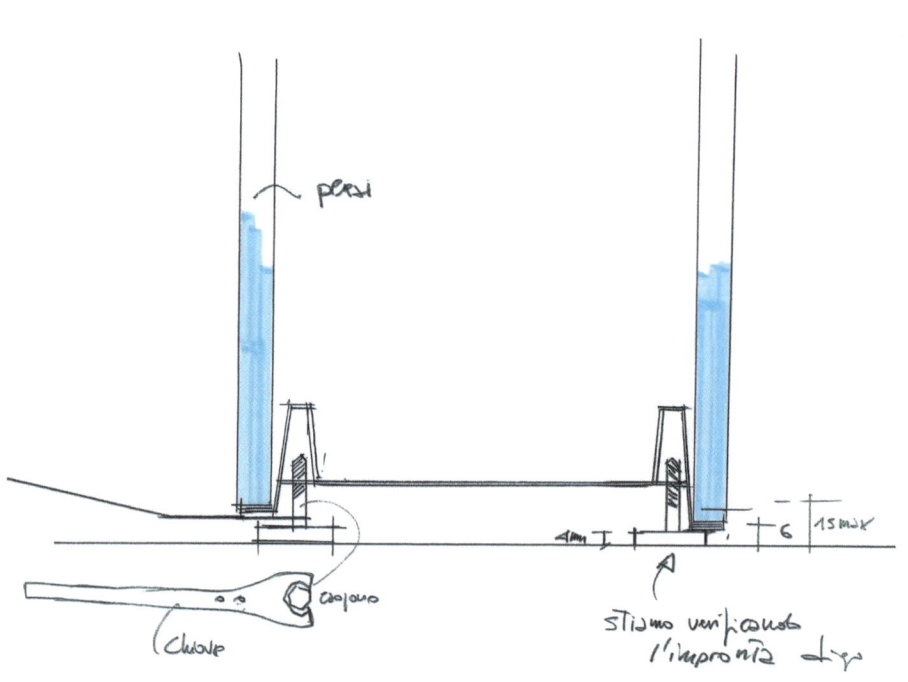

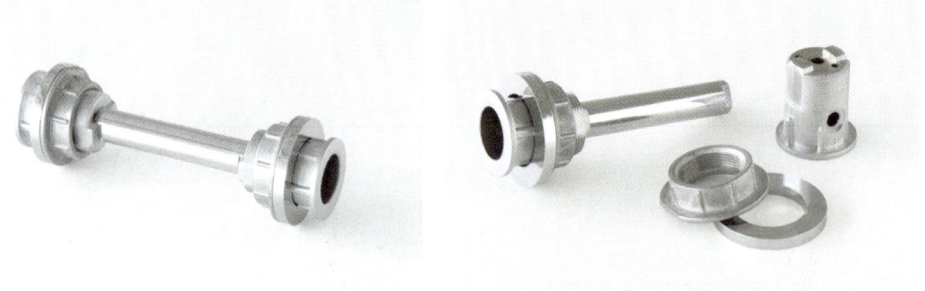

MONOGRAPH.IT.ARCH | C+PARTNERS | 89

AUTOBASSANO SRL
RIQUALIFICAZIONE EDIFICIO COMMERCIALE – AUTOSALONE
REDEVELOPMENT OF THE COMMERCIAL BUILDING–CAR SHOWROOM

ROSÀ (VI), ITALY

Diego Chilò, Fabio Calore
committenza: Autobassano S.r.l., Rosà (VI); **area:** 4600 mq; **intervento:** sup. coperta 1900 mq, sup. sviluppata 2430 mq; **consulenti:** Andrea Massagrande, Maurizio Schiesaro, Maurizio Sonda, Paolo Mosele, Roberto Girardin, Roberto Trevisan; **anno:** 2006-2008

Diego Chilò, Fabio Calore
customer: Autobassano S.r.l., Rosà (VI); **area:** 4600 sqm; **work:** covered area 1900 sqm, developed area 2430 sqm; **consultants:** Andrea Massagrande, Maurizio Schiesaro, Maurizio Sonda, Paolo Mosele, Roberto Girardin, Roberto Trevisan; **year:** 2006-2008

Anche in questo caso la riconversione di edifici produttivi complessi, capaci di comunicare una precisa e rinnovata identità, sono il tema centrale del tessuto edilizio dell'Alto Vicentino degli anni 2000-2010.
Esigenze di immagine aziendale e necessità di tipo funzionale legate alla creazione di un autosalone, hanno portato alla più completa trasformazione di un fabbricato esistente composto da vari corpi di fabbrica con destinazioni direzionale, residenziale, ludico-sportive (palestra, piscina, ecc.), alla demolizione della porzione posta lungo il fronte viario e al recupero della parte retrostante.
La realizzazione, sul sedime di risulta, di un grande portico a tutta altezza - in parte coperto con lastre opache e traslucide e in parte con solo grigliato/lamelle ombreggianti - diventando ingresso e immagine verso il fronte strada.
Un muro giustapposto alla facciata, che rimane scoperta dopo la demolizione, diviene l'elemento di chiusura dell'autosalone verso il portico, ma che nel contempo viene perforato dalle vetrine e dall'ingresso all'esposizione.
Quest'ultimo è un grande locale rettangolare che contiene anche dei servizi e a cui succede il deposito autoveicoli.
Il grande locale con strutture a vista, dotato di un arredo minimalista e un attento studio dell'illuminazione, identifica il luogo in cui l'attività entra in contatto con i propri clienti.

In this case too, a conversion of complex manufacturing buildings, able to communicate a clear and renewed identity, is the central theme of the building system structure of the northern Vicenza in the years 2000-2010.
The business image and the functional requirements related to the creation of a car showroom, led to a complete transformation of an existing building consisting of several buildings for directorial, residential and recreational and sports (gym, pool, etc.) use, to a demolition of the part positioned along the front road and to the recovery of the remainder.
The creation, on the site of the demolished building, consists of a large, full height, portico, partly covered with opaque and translucent slabs and partly with just grill/shading slats, that became the entrance visible from the main street.
A wall juxtaposed to the façade, which remains uncovered after the demolition, becomes the closing element of the showroom towards the portico, but which at the same, is pierced by the windows and the entrance to the showroom.
The latter is a large rectangular room that also contains the services and in which the vehicles are put on storage.
The large room with an exposed structure, with minimalist furniture and carefully planned lighting, is the place where the company staff and their customers meet.

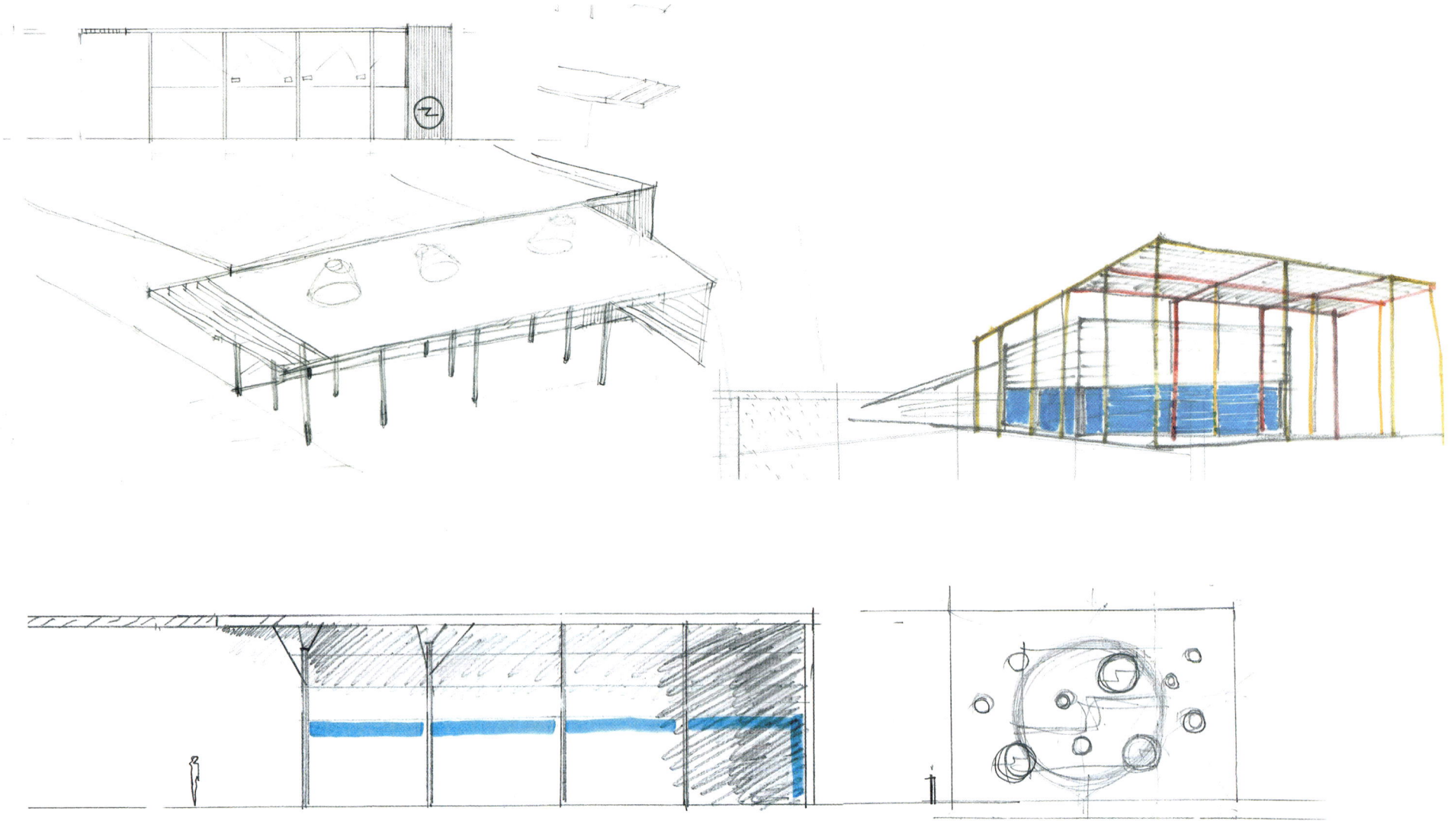

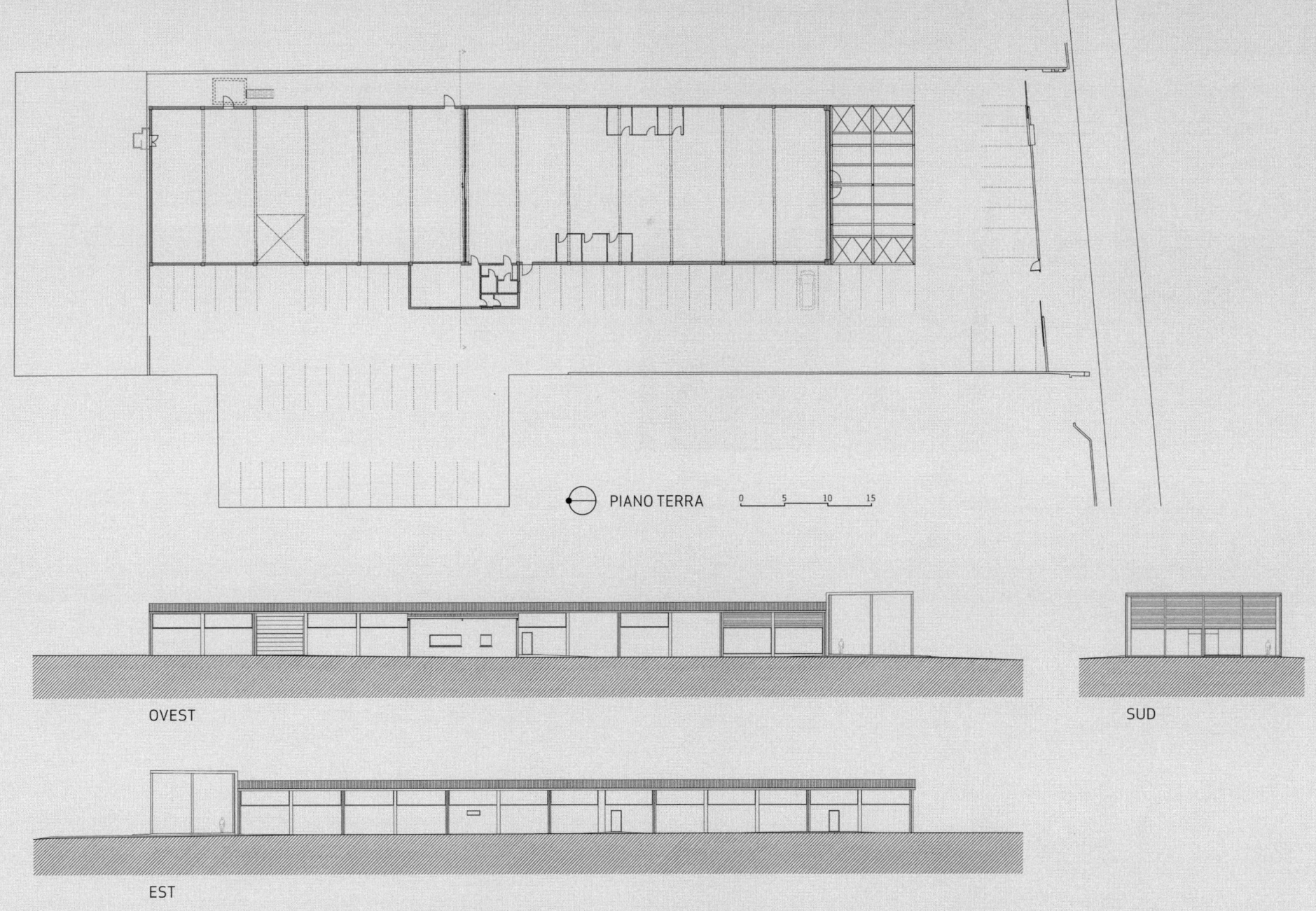

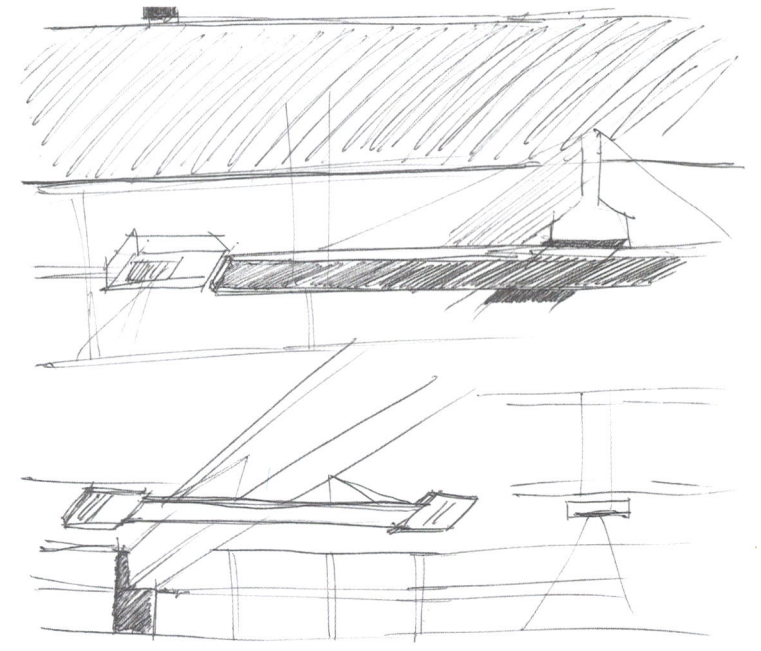

ROSABIANCA
RISTRUTTURAZIONE BAR - LOCANDA
REDEVELOPMENT OF A BAR - INN

BREGANZE (VI), ITALY

Diego Chilò, Fabio Calore
committenza: Privato, Breganze (VI); **area:** 560 mq; **intervento:** sup. coperta 190 mq, sup. sviluppata 550 mq; **consulenti:** Andrea Massagrande, Mariano Xausa, Maurizio Munari, Maurizio Sonda, Paolo Mosele, Roberto Girardin; **anno:** 2005-2008

Diego Chilò, Fabio Calore
customer: Private, Breganze (VI); **area:** 560 sqm; **work:** covered area 190 sqm, developed area 550 sqm; **consultants:** Andrea Massagrande, Mariano Xausa, Maurizio Munari, Maurizio Sonda, Paolo Mosele, Roberto Girardin; **year:** 2005-2008

Il tessuto produttivo dell'Alto Vicentino è caratterizzato, oltre che da realtà produttive di storica valenza, anche da attività commerciali quali locande o punti di sosta di importanza strategica, collocate in punti ben precisi rispetto alla viabilità principale.
Il progetto si riferisce a un particolare intervento di recupero di un edificio costruito tra la fine dell'800 e i primi del '900, da sempre destinato a locanda.
Il progetto ha previsto lo svuotamento dell'edificio principale da tutti gli elementi interni, con la conservazione delle facciate, per le quali è stato effettuato un recupero mirato, da un lato, alla conservazione di quelle rivolte lungo le vie principali valorizzandone gli elementi architettonici presenti, dall'altro, alla riorganizzazione della trama forometrica sulle rimanenti.
Gli elementi in pietra presenti sono stati puliti e riportati al loro stato originale, facendo emergere alcune decorazioni ad affresco presenti sulla cornice della copertura.
L'edifico secondario è stato demolito e ricostruito con una nuova immagine architettonica capace di differenziarlo dal manufatto storico, con un intervento caratterizzato da semplicità formale.

The manufacturing base of the northern Vicenza is characterized not only by production companies of historical value, but also by businesses such as inns or strategically important resting places, placed at precise locations with respect to the main roads.
The project refers to a particular work of restoration of a building constructed between the end of the 800s and the early 900s, that has always been an inn.
The project included emptying the main building by removing all the internal elements, with keeping the façades, for which a recovery was effected. The recovery was aimed, on one hand, at the preservation of those façades facing the main streets emphasizing the present architectural elements, and on the other hand, at the reorganization of the texture on the remaining ones.
The stone elements were cleaned and restored to their original state, bringing out some fresco decorations on the frame of the covering.
The secondary building was demolished and rebuilt with a new architectural look differentiating it from the historical building. This work is characterized by a form simplicity.

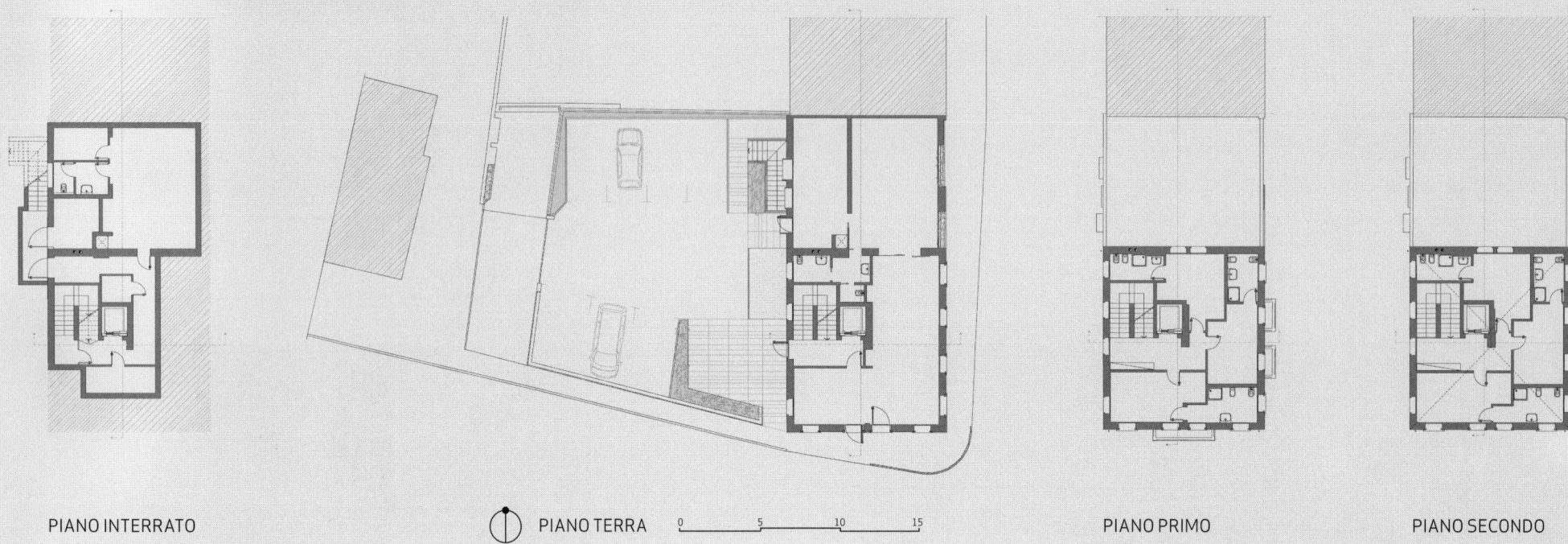

PIANO INTERRATO   PIANO TERRA   0   5   10   15   PIANO PRIMO   PIANO SECONDO

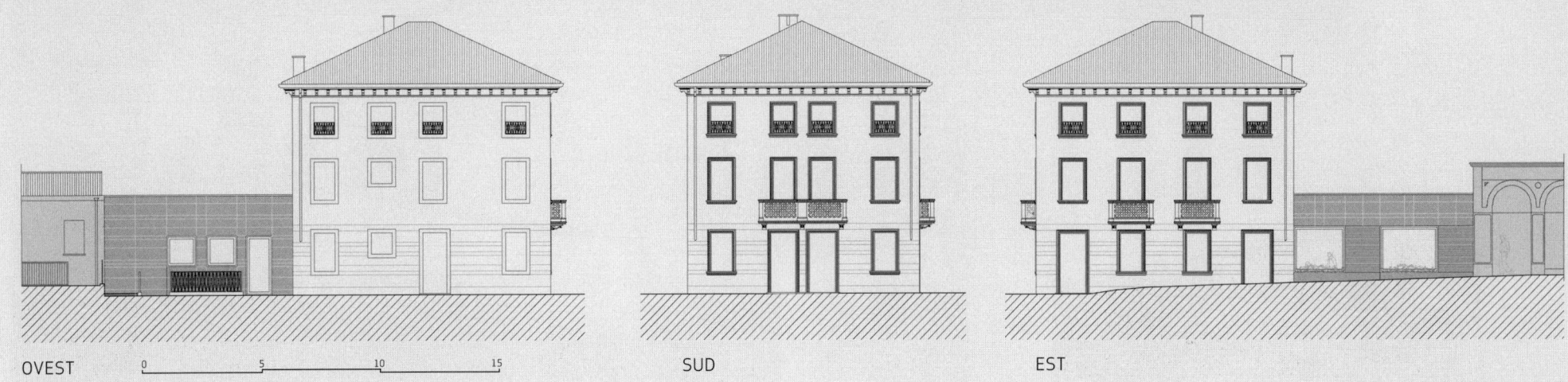

OVEST   0   5   10   15   SUD   EST

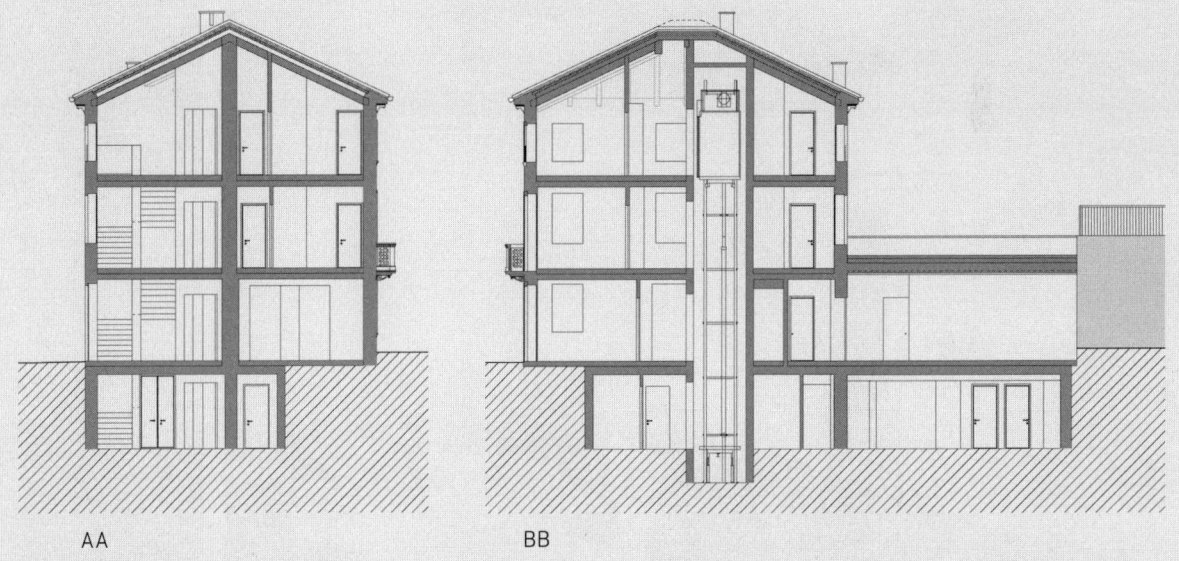

AA   BB

AUTOSTIMA SRL
RIQUALIFICAZIONE EDIFICIO COMMERCIALE – AUTOSALONE
REDEVELOPMENT OF THE COMMERCIAL BUILDING–CAR SHOWROOM

SPINI DI GARDOLO (TN), ITALY

Diego Chilò, Fabio Calore
committenza: Autostima S.r.l., Spini di Gardolo (TN); **intervento:** 2750 mq; **consulenti:** Giorgio Franceschini, Oscar Nichelatti; **anno:** 2005-2006

Diego Chilò, Fabio Calore
customer: Autostima S.r.l., Spini di Gardolo (TN); **work:** 2750 sqm; **consultants:** Giorgio Franceschini, Oscar Nichelatti; **year:** 2005-2006

Il territorio Trentino interessato dall'intervento è immerso nelle montagne, e l'edificato ai piedi delle stesse conserva i caratteri tipologici della tradizione e la rigidità dei criteri costruttivi tipici del luogo.
Questo intervento, sito nella zona industriale di Trento, consiste in un fabbricato produttivo di recente edificazione da adattare all'uso di una concessionaria di autoveicoli e salone motoveicoli.
Per la specificità della vendita di prodotti monomarca, è stato richiesto dalla "casa madre" di ottemperare a delle direttive generali volte a uniformare l'immagine nell'intero territorio nazionale.
All'interno della zona esposizione dedicata agli autoveicoli, gli uffici e le salette venditori vengono quasi smaterializzate dalle loro pareti in vetro, dove pochi oggetti d'arredo e due ingrandite colonne colorate di rosso fanno da contrappunto all'esposizione dei prodotti.
Diverso il concetto usato per la porzione dedicata ai motoveicoli, dove nello spazio espositivo interno, il luogo dell'uso dell'oggetto (la strada) diventa l'elemento di collocazione delle moto esposte e assieme ai marciapiedi, alle strisce pedonali, agli stalli di sosta, diventa il percorso espositivo che accompagna il visitatore.

The Trentino area involved in the work is set in the mountains, and the building at their feet retains the traditional typological characteristics and rigidity of the typical design criteria of the place.
This work, positioned in the industrial area of Trento, consists of a newly constructed production building requiring adapting such that it could be used as a motor vehicle dealership and motorcycle showroom.
As is usual for single-brand dealerships, it had been requested by the "parent company" to comply with the general directives aimed at equalising the look of this branch to the nationally adopted one.
Inside the exhibition area dedicated to automobiles, offices and sales areas, almost all glass walls were removed and a few items of furniture and two enlarged red painted columns were made a counterpoint for the product exhibition.
Unlike the concept used for the part dedicated to automobiles, in the interior exhibition space dedicated to motorcycle the used concept is different. Here the street became the positioning element of the motorbikes on display and along with pavements, pedestrian strips, parking bays, became the exhibition path that guides the visitor.

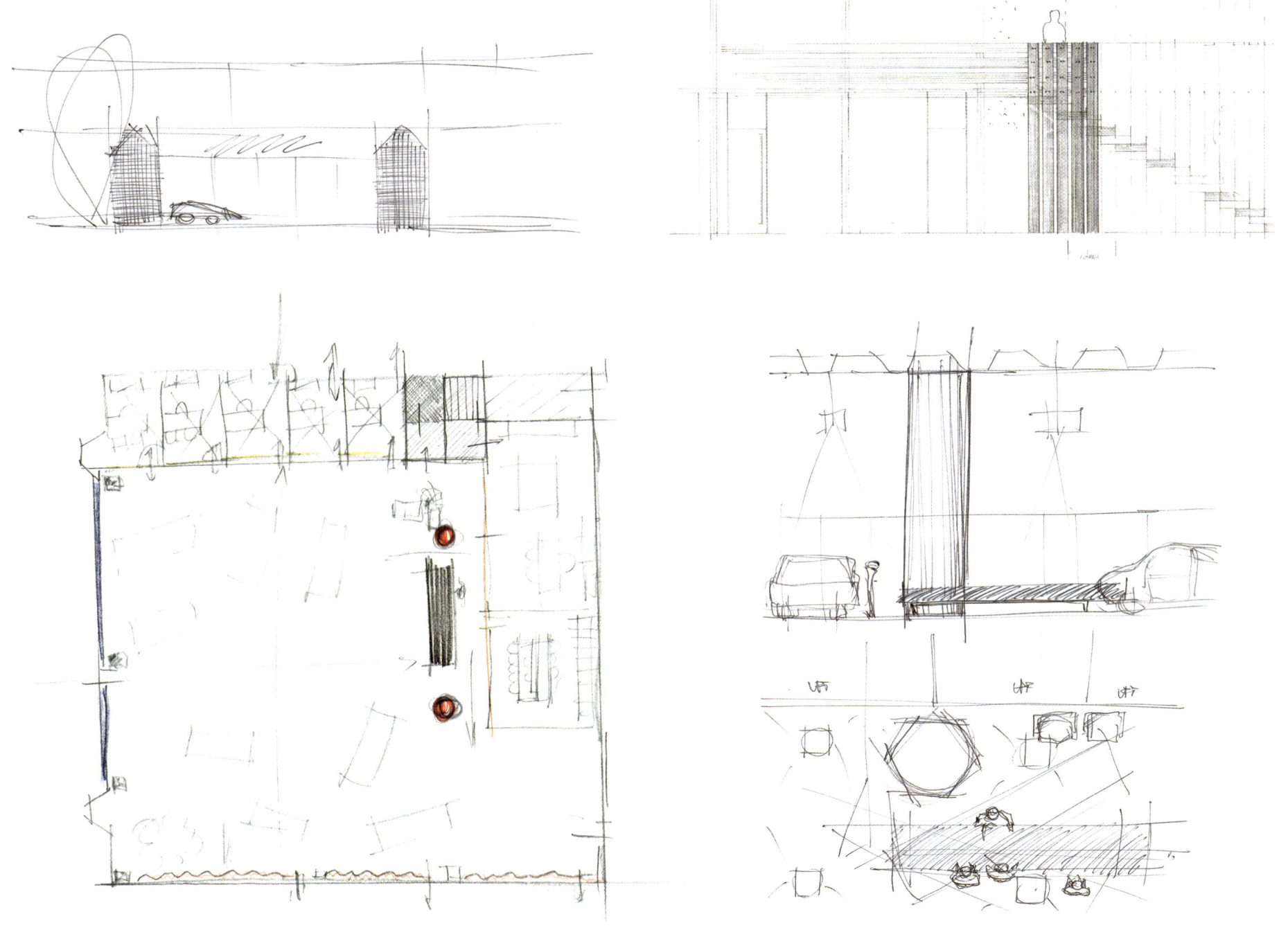

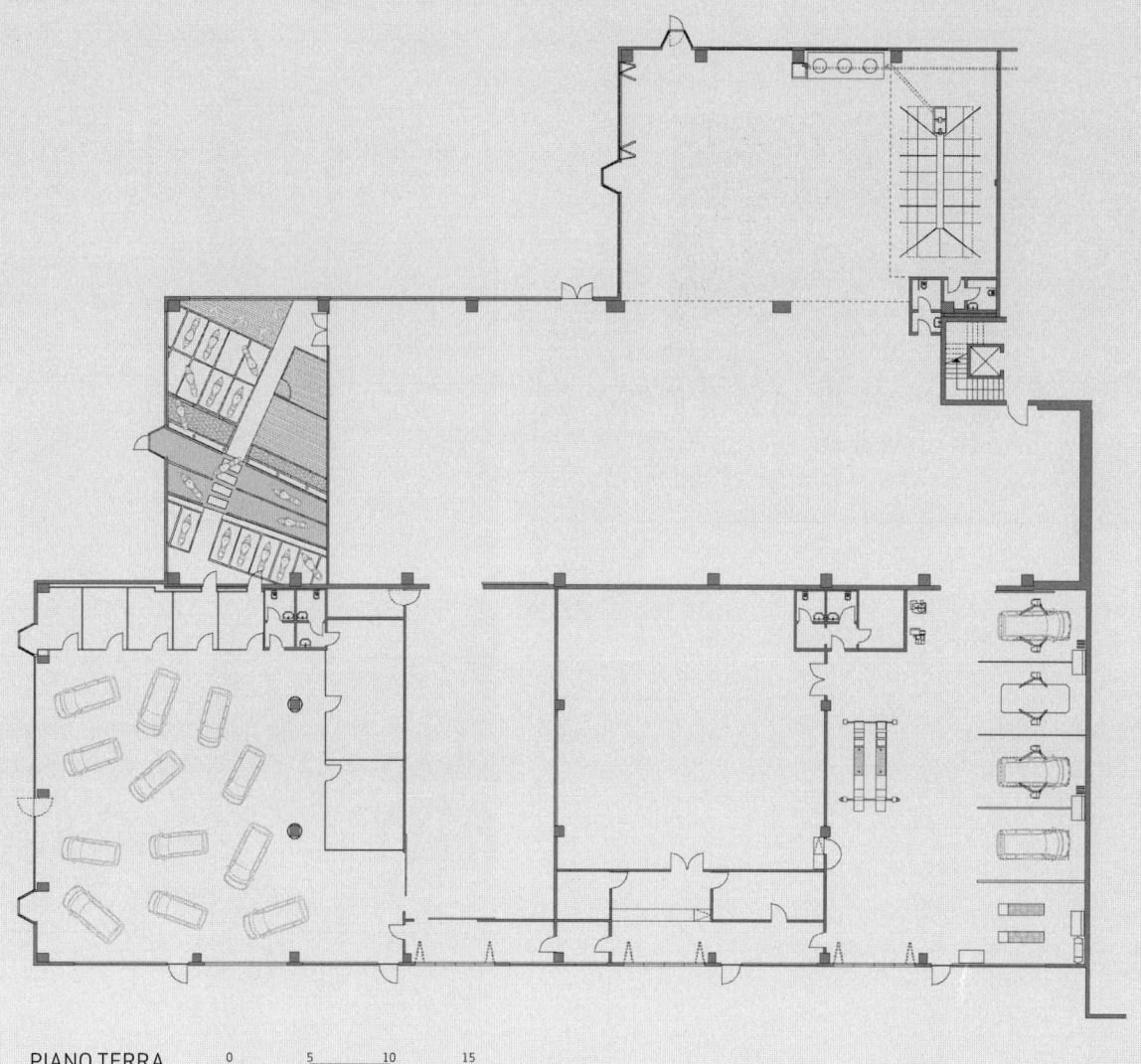

PIANO TERRA

21 PARTECIPAZIONI HOLDING SRL
EDIFICIO COMMERCIALE / DIREZIONALE
COMMERCIAL/DIRECTORATE BUILDING

ZANÈ (VI), ITALY

Diego Chilò, Fabio Calore, Maurizio Munari, Roberto Girardin
committenza: 21 Partecipazioni Holding S.r.l.; **area:** 2280 mq; **intervento:** sup. coperta 580 mq, sup. sviluppata 2970 mq; **consulenti:** Andrea Massagrande, Bruno Cappellotto, Maurizio Schiesaro; **anno:** 2004-2008

Diego Chilò, Fabio Calore, Maurizio Munari, Roberto Girardin
customer: 21 Partecipazioni Holding S.r.l.; **area:** 2280 sqm; **work:** covered area 580 sqm, developed area 2970 sqm; **consultants:** Andrea Massagrande, Bruno Cappellotto, Maurizio Schiesaro; **year:** 2004-2008

La presenza di elementi urbani quali un vicino crocevia di strade, la continuità del tessuto edilizio al confine fra due comuni e la lettura dei coni visuali secondo le varie direttrici di marcia, hanno alimentato il senso del progetto, che è divenuto momento significativo di riqualificazione urbana, nuovo segno, nuovo riferimento.
Il progetto ha definito la riqualificazione ed il recupero di un'area occupata da un fabbricato produttivo dismesso mediante la sua demolizione e la realizzazione di un nuovo edificio di quattro piani fuori terra con destinazione commerciale-direzionale.
Un volume parallelepipedo, compatto, ricadente in parte sotto una aerea copertura piana che risulta ruotata di alcuni gradi rispetto l'asse principale del fabbricato e piegata fino a terra sul lato nord.
Due elementi esaltati dal contrasto di cromatismo (bianco il primo, nero il secondo) nonché dall'uso di elementi orizzontali (serramenti e frangisole) sui lati posti a sud/est/ovest con grandi facciate quasi a contrastare la chiusura della parete rivolta a nord dove sono state realizzate finestre contenute in grandi oblò protesi verso l'esterno, che sporgendo dal piano verticale della facciata in modo diverso l'uno rispetto l'altro ne esaltano il movimento.

The presence of urban elements such as a nearby crossroads, the continuity of the urban fabric on the border between the two municipalities and the reading of visual cones according to the various directions of travel, have fuelled the sense of the project, which became a significant moment for the urban regeneration, new sign, new reference.
The project consisted of a redevelopment and recovery of an area occupied by an abandoned production building and by its demolition create a new building on four floors above the ground for a commercial and office use.
The shape was a compact parallelepiped, covered in part by a flat roof rotated by a few degrees with respect to the main axis of the building and bent down to the ground on the north side.
The two elements are enhanced by the chromatic contrast (first white, second black) as well as by the use of horizontal elements (windows and shading) on the opposite sides at south/east/west with large façades that almost contrast the closure of the wall facing north where windows contained inside large porthole extending outward were made, which, by protruding from the vertical plane of the façade in a different way to each other enhance their movement.

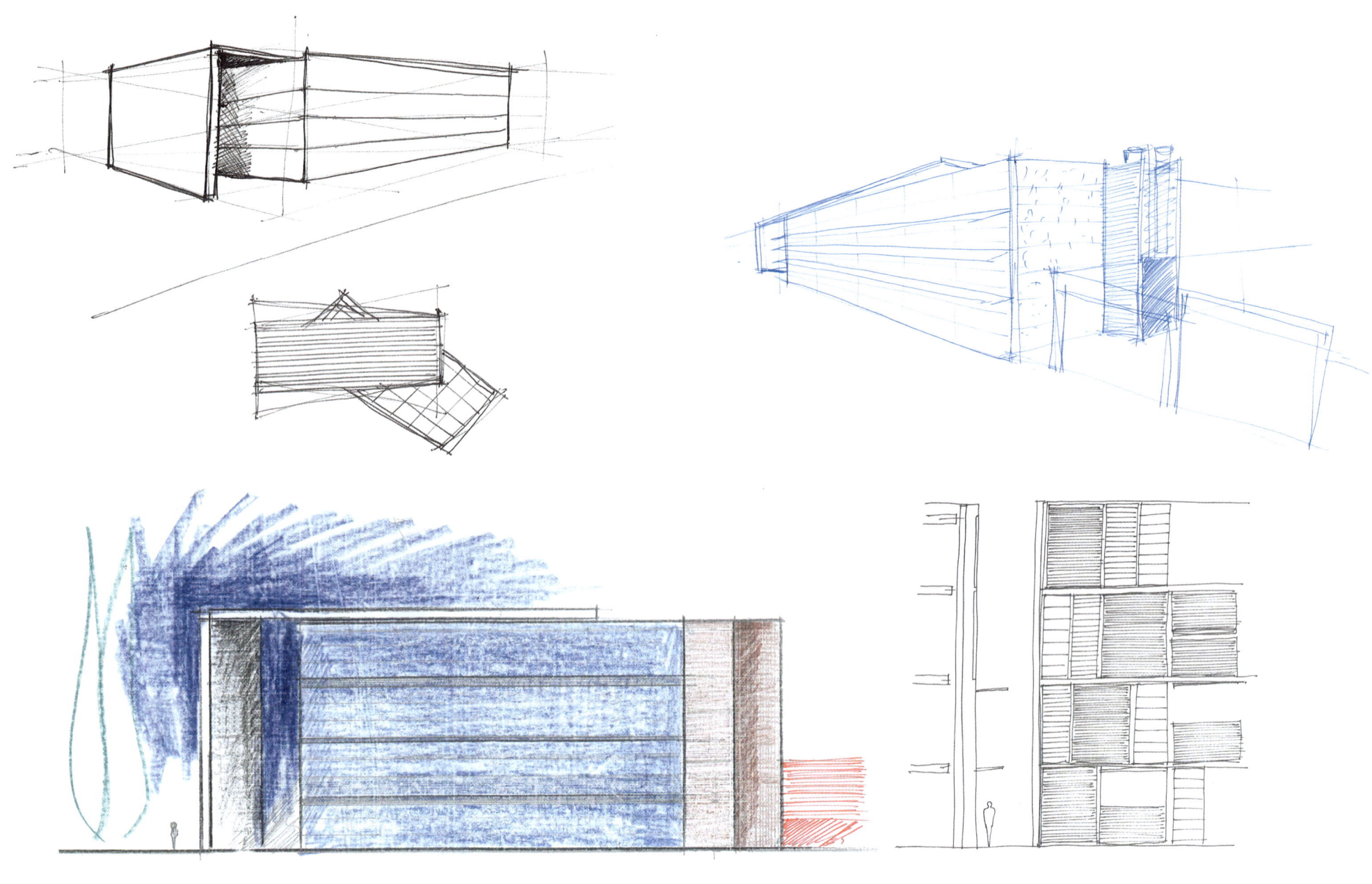

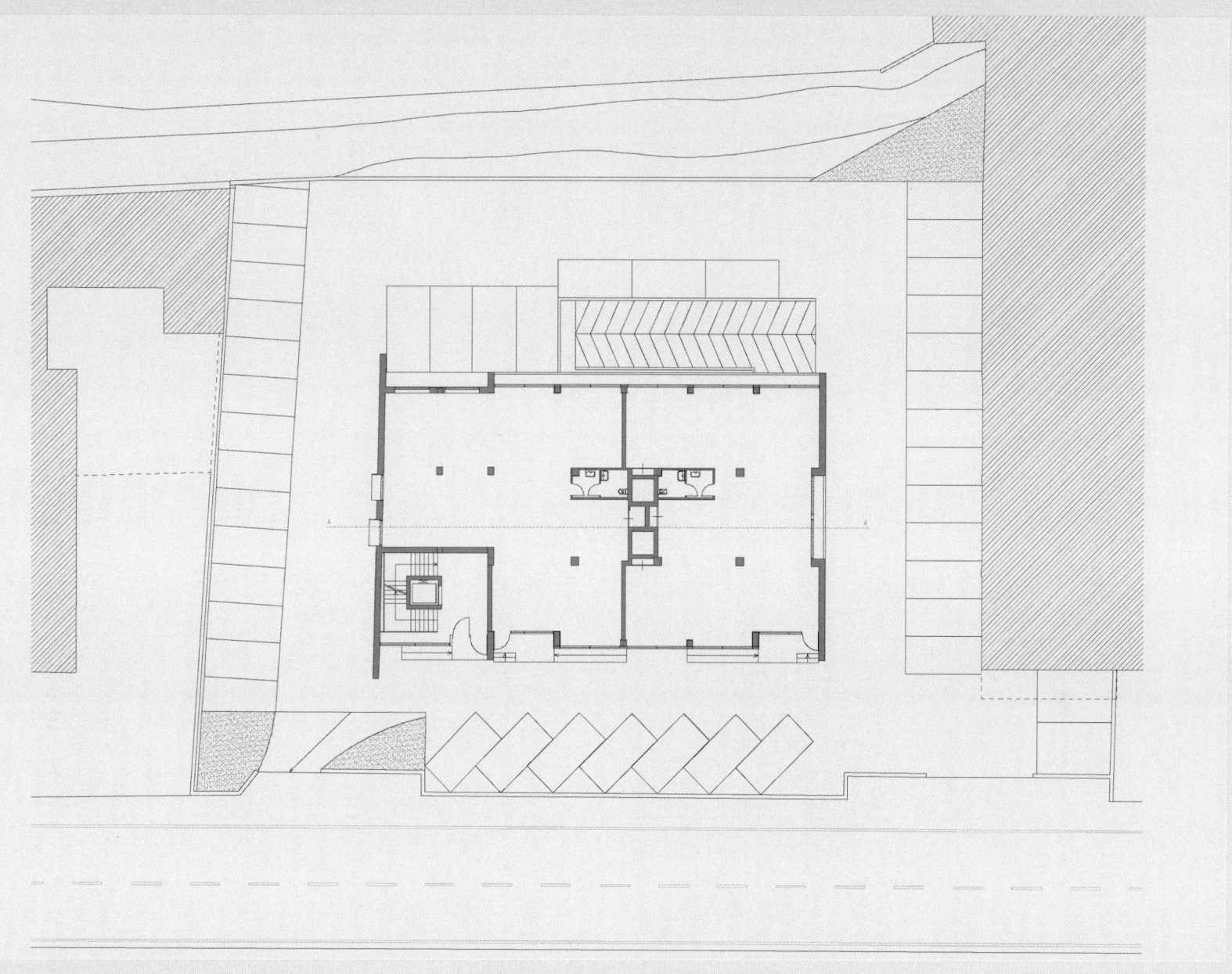

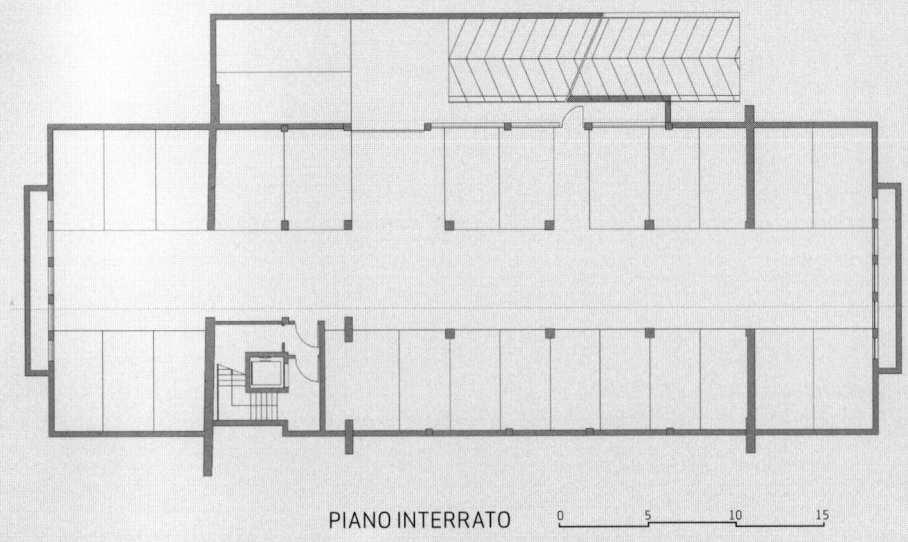

PIANO INTERRATO 0 5 10 15

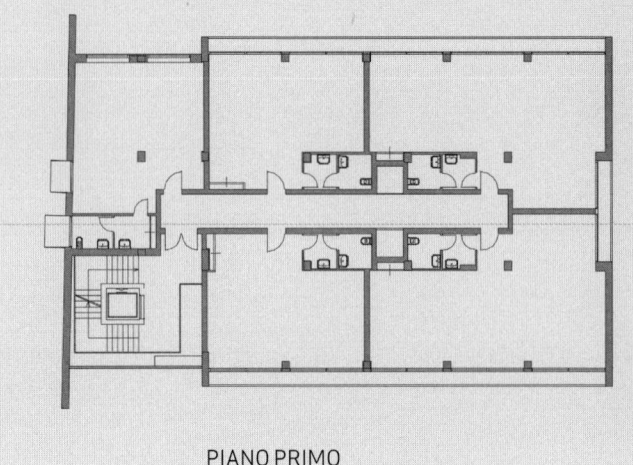

PIANO PRIMO

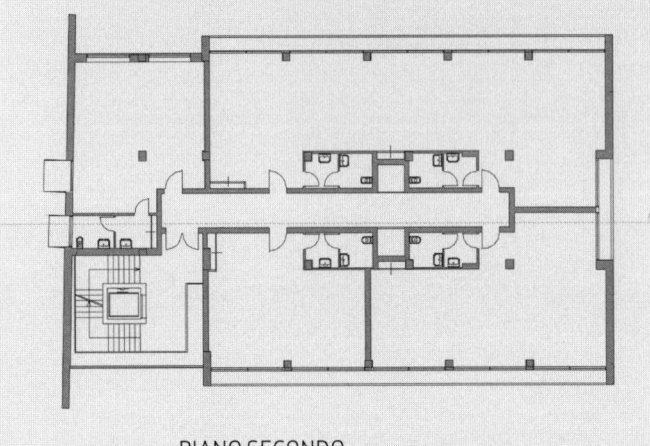

PIANO SECONDO

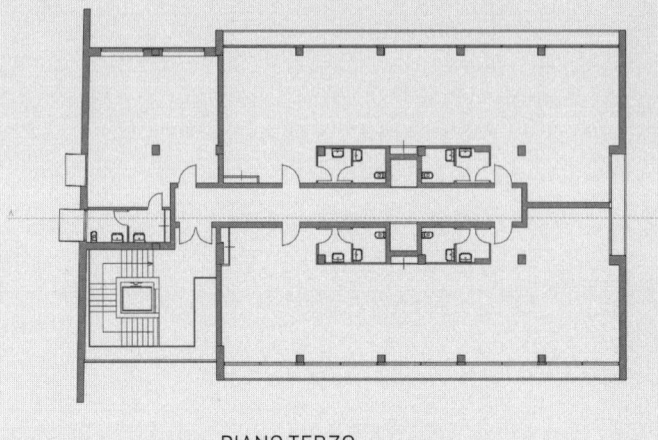

PIANO TERZO

OVEST

SUD

EST

NORD

DAL ZOTTO SPA
AMPLIAMENTO EDIFICIO INDUSTRIALE CON UFFICI E RIQUALIFICAZIONE DELL'ESISTENTE
INDUSTRIAL BUILDING AND OFFICES EXTENSION ANDUPGRADING OF THE EXISTING PREMISSES

FARA VICENTINO (VI), ITALY

Diego Chilò, Fabio Calore, Roberto Girardin
committenza: Dal Zotto S.p.a., Fara Vicentino (VI); **area:** 17090 mq; intervento: sup. coperta 8240 mq, sup. sviluppata 8800 mq; **consulenti:** Adolfo Greselin, Darik Gastaldello, Maurizio Munari, Necsi S.r.l., Paolo Mosele, Pietro Gatto, Umberto Pivetta; **anno:** 2004-2006

Diego Chilò, Fabio Calore, Roberto Girardin
customer: Dal Zotto S.p.a., Fara Vicentino (VI); **area:** 17090 sqm; **work:** covered area 8240 sqm, developed area 8800 sqm; **consultants:** Adolfo Greselin, Darik Gastaldello, Maurizio Munari, Necsi S.r.l., Paolo Mosele, Pietro Gatto, Umberto Pivetta; **year:** 2004-2006

Le aree industriali dell'Alto Vicentino si sono spinte, fin dagli anni '80, fino ai piedi dell'area pedemontana veneta, nonostante la mancanza di assi stradali di primaria importanza.
Con il passare degli anni la riconversione produttiva e l'avvento di proprietà diverse hanno generato ristrutturazioni edilizie con la necessità di riorganizzare le nuove attività insediate con attenzione anche al tessuto naturale esistente, riconoscibile come parte integrante dei nuovi progetti, e per una nuova esperienza lavorativa e ispirazione ad una produzione più creativa rivolta a mercati di tutto il mondo. Restauro e riprogettazione: queste le parole per definire l'intervento.
Il progetto ha previsto il recupero della parte produttiva le cui strutture portanti solide risultano, in seguito al restauro, di particolare "pregio".
L'intervento di riprogettazione non ha comportato particolari sforzi o "voli" architettonici, ma semplicità nella riorganizzazione dell'immobile, con la demolizione di alcune sue parti non coerenti e una serie di interventi, puntuali e funzionali alla nuova attività (nuovi spazi produttivi e di servizio, palazzina direzionale), riconoscibili attraverso l'uso di forme semplici con materiali e tecnologie attuali; questo ha generato una forte immagine unitaria, dove una grande barriera a verde di Carpini funge da elemento di mascheramento delle parti preesistenti e di saldatura per gli interventi di nuova realizzazione.

The industrial areas of Alto Vicentino have moved, since the 80s, to the foot of the Veneto foothills, despite a lack of regional roads.
Over the years the production capacity conversion and the advent of several properties generated building renovations with the need to reorganize the new business set up with attention also to existing natural fabric, recognizable as an integral part of new projects, and a new work experience and inspiration to a more creative output aimed at markets around the world.
'Restoration and redesign'. These are the words that describe this work.
The project included the recovery of the production part whose solid structures, after the restoration, are considered as particularly "valuable."
The redesign project did not involve special efforts or architectural "flights", but simplicity in the reorganization of the property, with the demolition of some of its non-coherent parts and a series of interventions, timely and functional to the new business (new production space and service, office building), recognizable through the use of simple shapes with current materials and technologies. This created a strong unified image, where a large green hornbeam barrier acts as a masking element for the pre-existing and welded parts of the new creation.

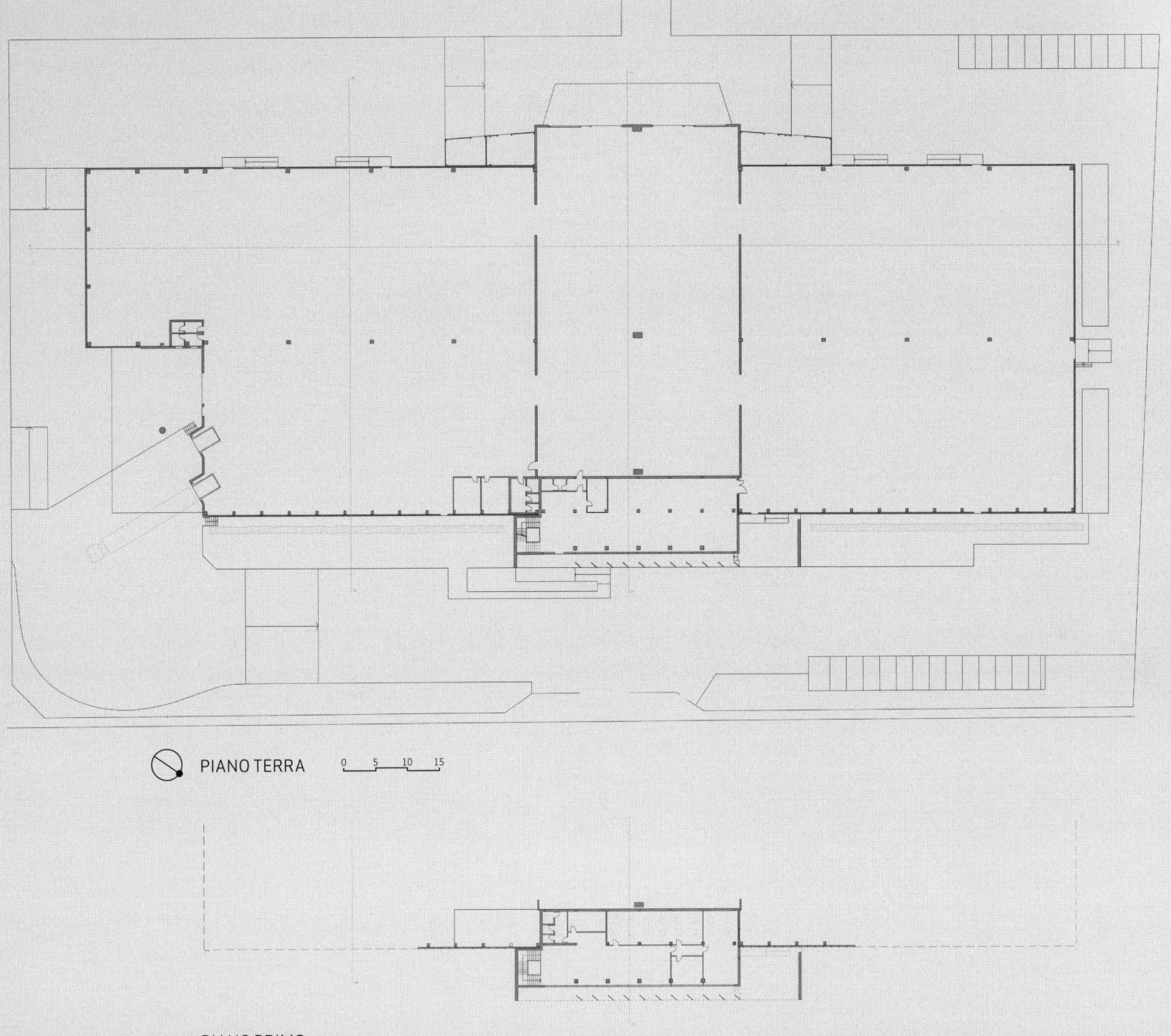

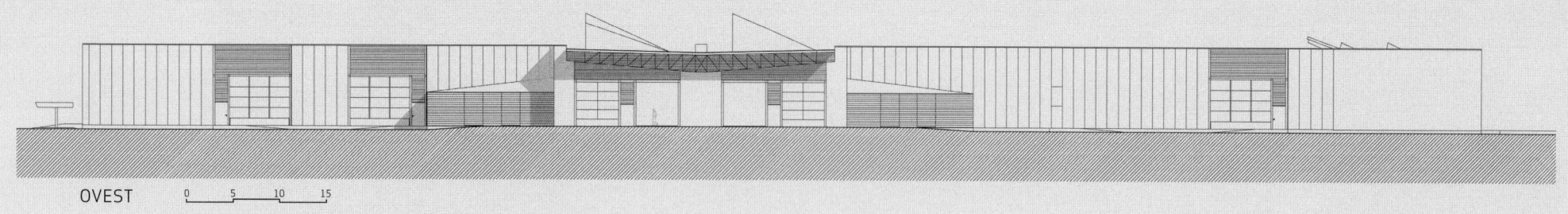
OVEST 0 5 10 15

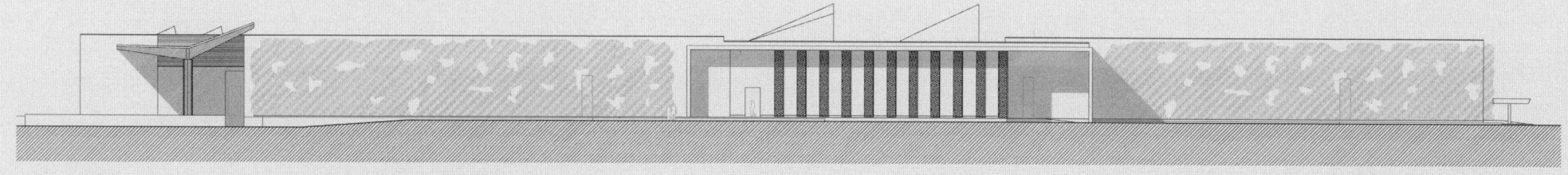
EST

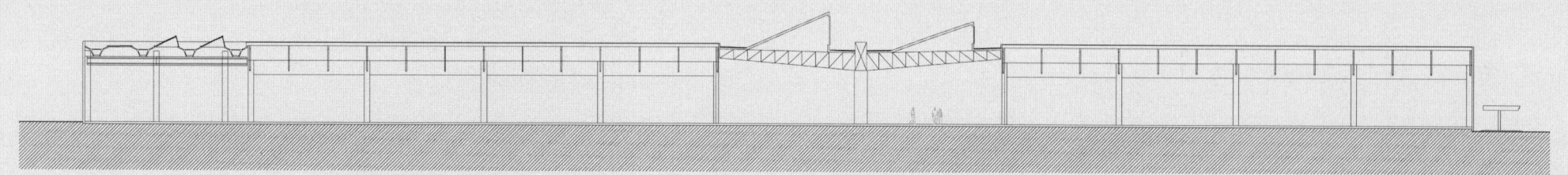
AA

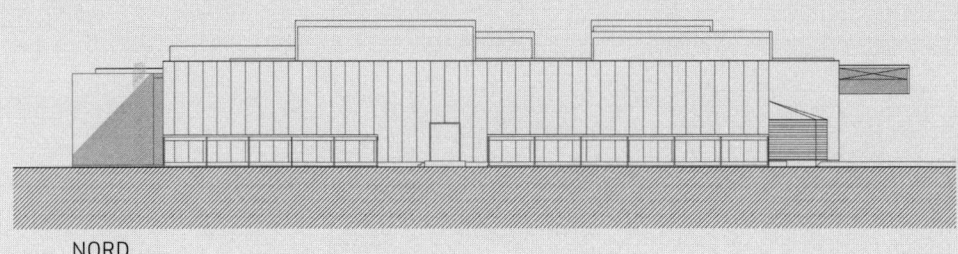
NORD

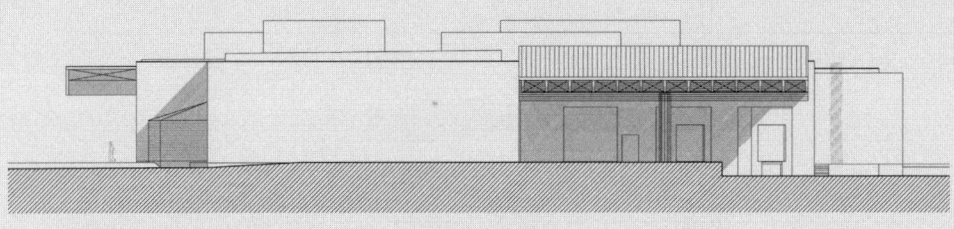
SUD

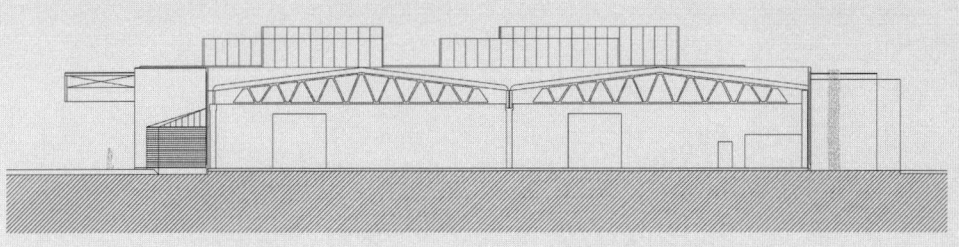
BB

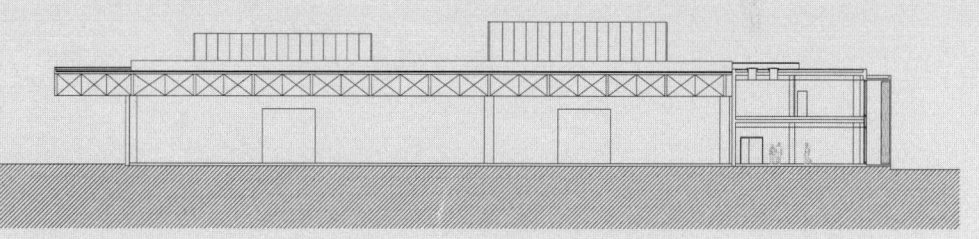
CC

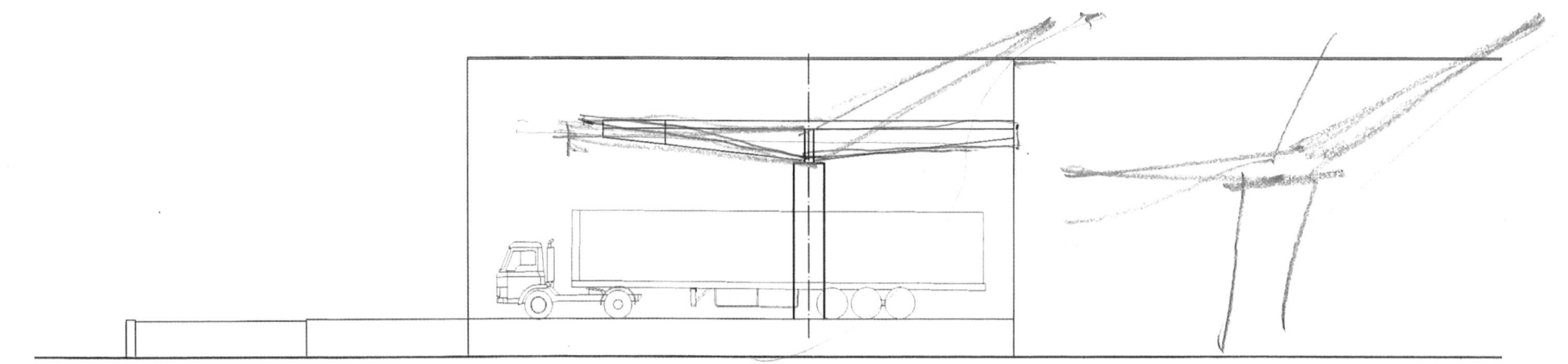

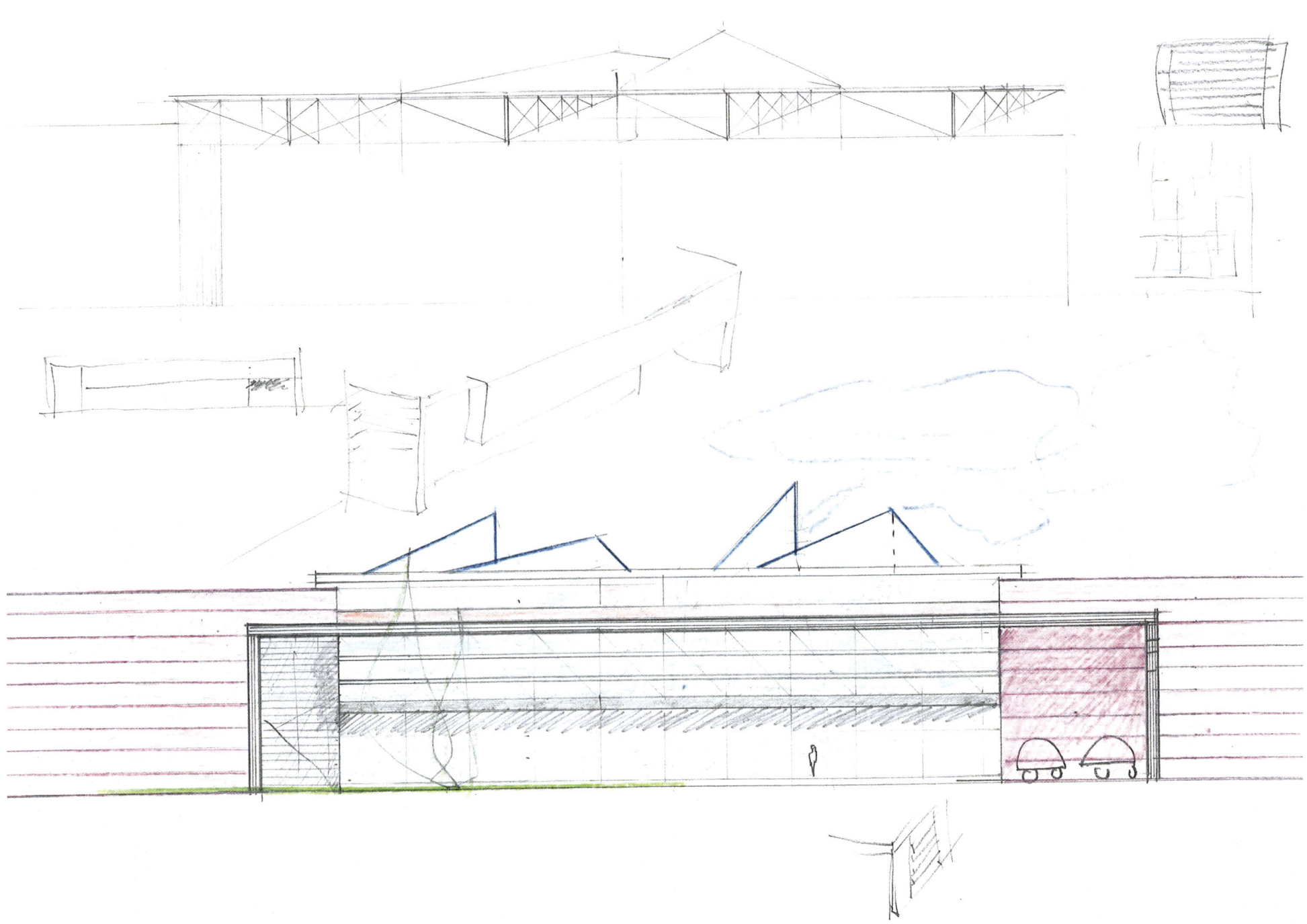

TELWIN SPA
EDIFICIO INDUSTRIALE
INDUSTRIAL BUILDING

VILLAVERLA (VI), ITALY

Diego Chilò, Fabio Calore, Roberto Girardin
supervisori: Afra Bianchin, Tobia Scarpa; **committenza:** Telwin s.p.a., Villaverla (VI); **area:** 41350 mq; **intervento:** sup. coperta 23400 mq, sup. sviluppata 27140 mq; **consulenti:** Adolfo Greselin, Albero Dalla Bona, Alfredo Riondino, Darik Gastaldello, Giandomenico Cocco, Italo Bascelli, Ivano Carollo, Mariano Magnabosco, Maurizio Munari, Pietro Gatto, Umberto Pivetta, Walter Todesco; **anno:** 2001-2004

Diego Chilò, Fabio Calore, Roberto Girardin
supervisors: Afra Bianchin, Tobia Scarpa; **customer:** Telwin s.p.a., Villaverla (VI); **area:** 41350 sqm; **work:** covered area 23400 sqm, developed area 27140 sqm; **consultants:** Adolfo Greselin, Albero Dalla Bona, Alfredo Riondino, Darik Gastaldello, Giandomenico Cocco, Italo Bascelli, Ivano Carollo, Mariano Magnabosco, Maurizio Munari, Pietro Gatto, Umberto Pivetta, Walter Todesco; **year:** 2001-2004

Durante il boom produttivo degli anni 2000, si è notato un distacco tra il valore del contenuto e quello del contenitore, su cui era però possibile intervenire con eleganza e semplicità nonostante le richieste pressanti volte a contenere l'investimento finale e alla velocità costruttiva.

È un esercizio che è diventato, nel Vicentino, gioco forza per una parte dell'imprenditoria del luogo, attenta agli investimenti produttivi e all'immagine aziendale con un disegno preciso e forte, come se l'opera costruita fosse un tutt'uno con il marketing, in un periodo in cui si stava valutando la necessità di comunicare con qualsiasi mercato la capacità produttiva garantendo contenuti e processi.

L'intervento è la prosecuzione di quanto già realizzato in quest'area anni prima, nel periodo in cui l'azienda richiese un primo ammodernamento del complesso industriale.

L'approccio del progetto prevede il distacco netto della nuova edificazione rispetto a quanto esistente, anche se il vecchio e il nuovo si pongono in stretta relazione l'un l'altro e sono collegati da una tettoia coperta che diviene perno dell'intero complesso. Contemporaneamente, l'obiettivo di migliorare il benessere psicofisico delle persone e di attuare un notevole risparmio energetico porta allo studio, sulle pareti esposte a sud-ovest, di un elemento frangisole, con funzioni di controllo della temperatura. Un'area a giardino relaziona l'edificio agli spazi di movimentazione degli autotreni mentre un "bow-window" indirizza il nostro sguardo verso l'atrio d'ingresso e intercetta virtualmente l'allineamento con l'esistente.

During the production boom of the 2000s, a gap between the value of the content and the container appeared, which was, however, possible to modify with elegance and simplicity despite the pressing demands to curb the final investment and increase construction speed.

It is an exercise that became, in Vicenza area, a must for the entrepreneurs trying to be careful with productive investment and the corporate image by creating a precise and strong design, as if the construction project made an integral part of marketing, in a period of time when companies were evaluating the need to communicate production capacity guaranteeing content and processes to any market.

The project was a continuation of what had been done in this area years before, during the period when the company underwent its first modernization of the industrial complex.

The project's approach provided for a clear separation of the new building from the existing one, even if the old and the new were placed in close relation to each other and were connected by a roof that became a pivot of the entire complex.

Two objectives were reached in this project: improving people's mental and physical well-being and achieving significant energy savings by installing, on the walls exposed to the south-west, a shading element with temperature control functions. A garden area of the building connects the building to the loading-unloading areas, while a "bow-window" directs the gaze of the observer towards the entrance hall and virtually intercepts alignment with the rest.

PIANO TERRA 0 5 10 15

PIANO PRIMO

PIANO MEZZANINO

PIANO INTERRATO

SUD 0 10 20 30

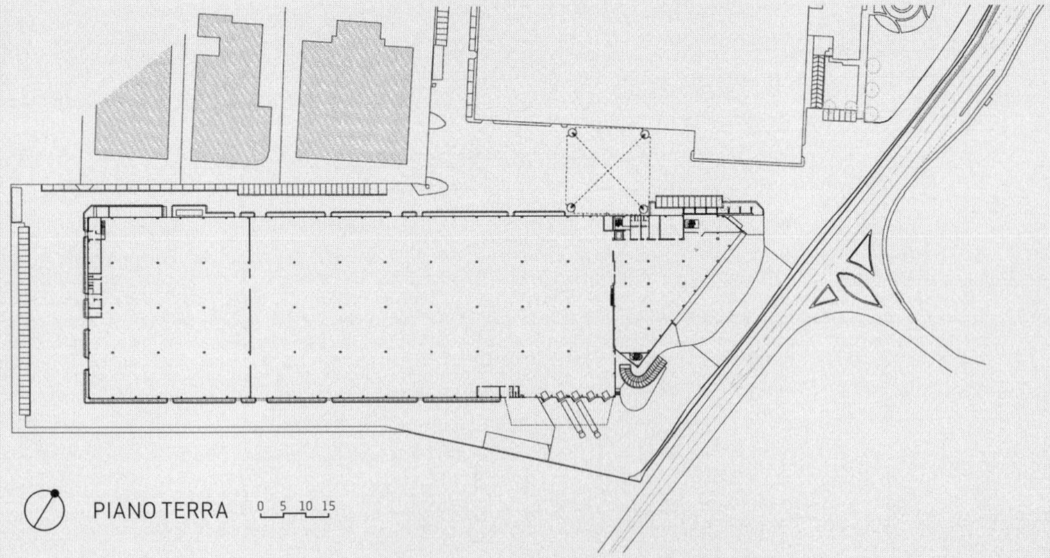

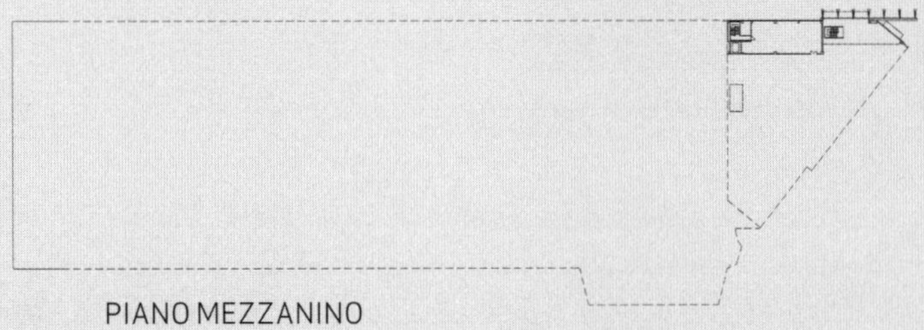

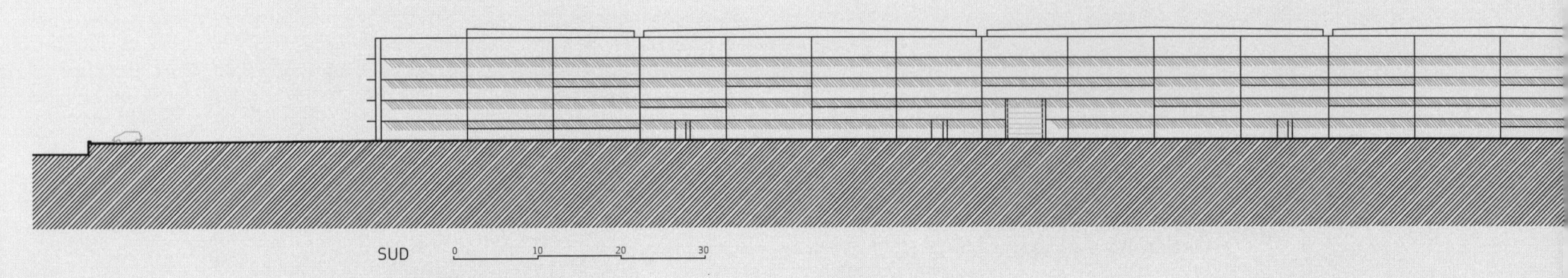

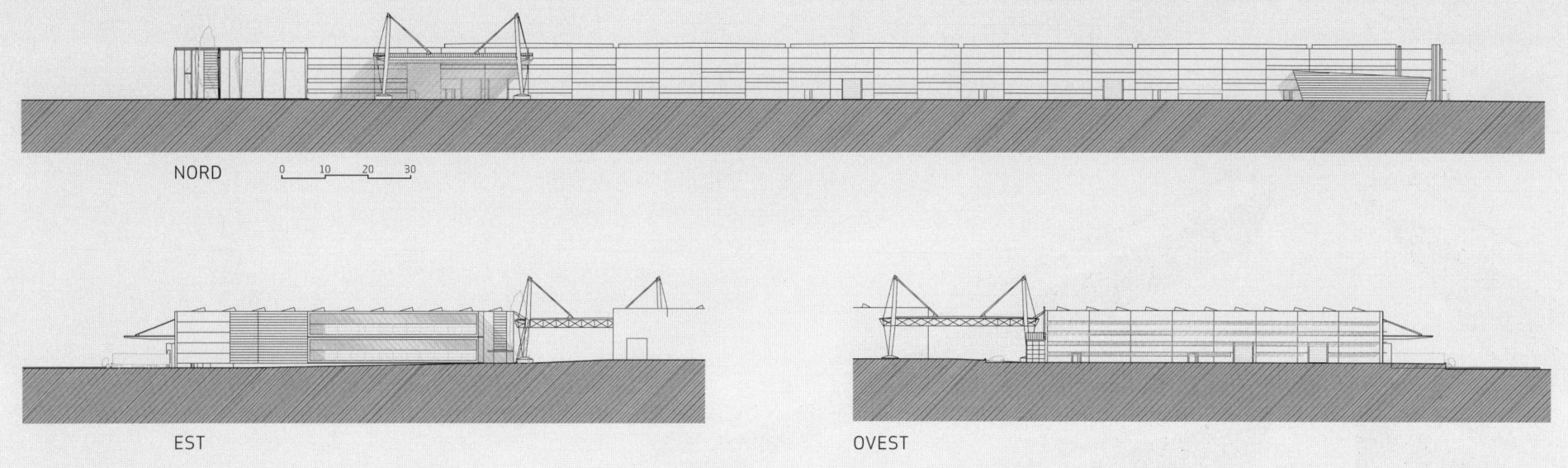

NORD 0 10 20 30

EST

OVEST

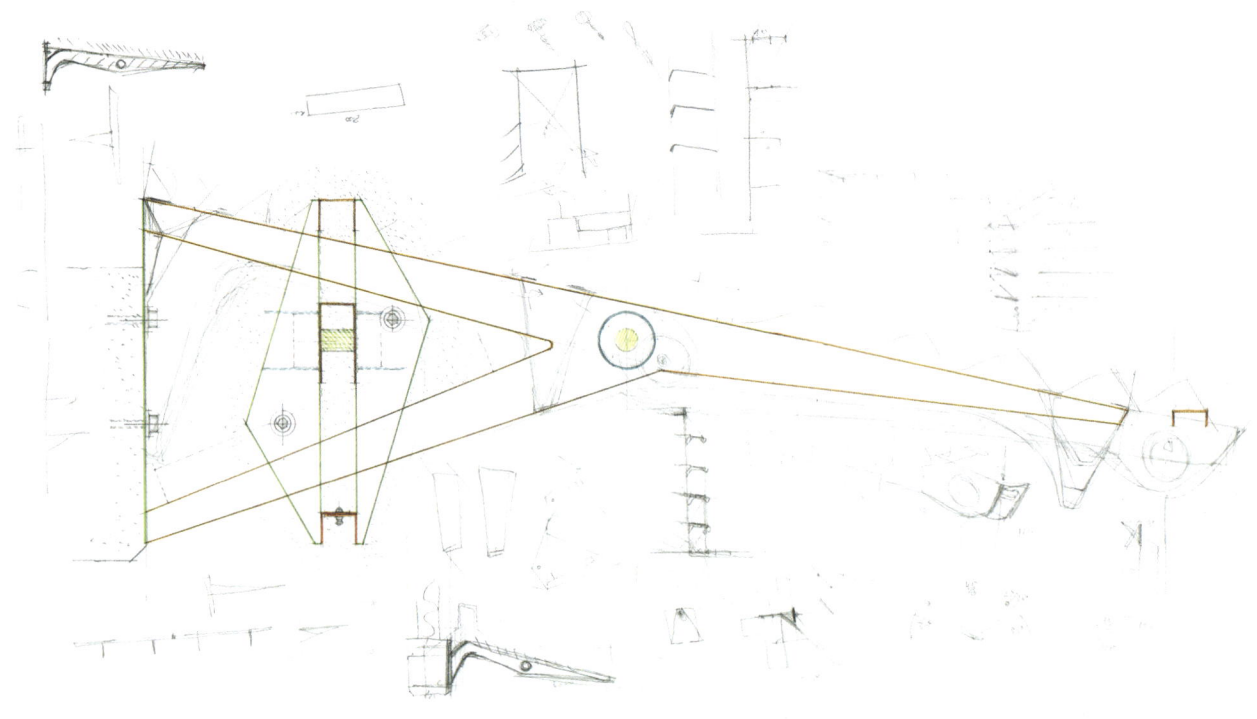

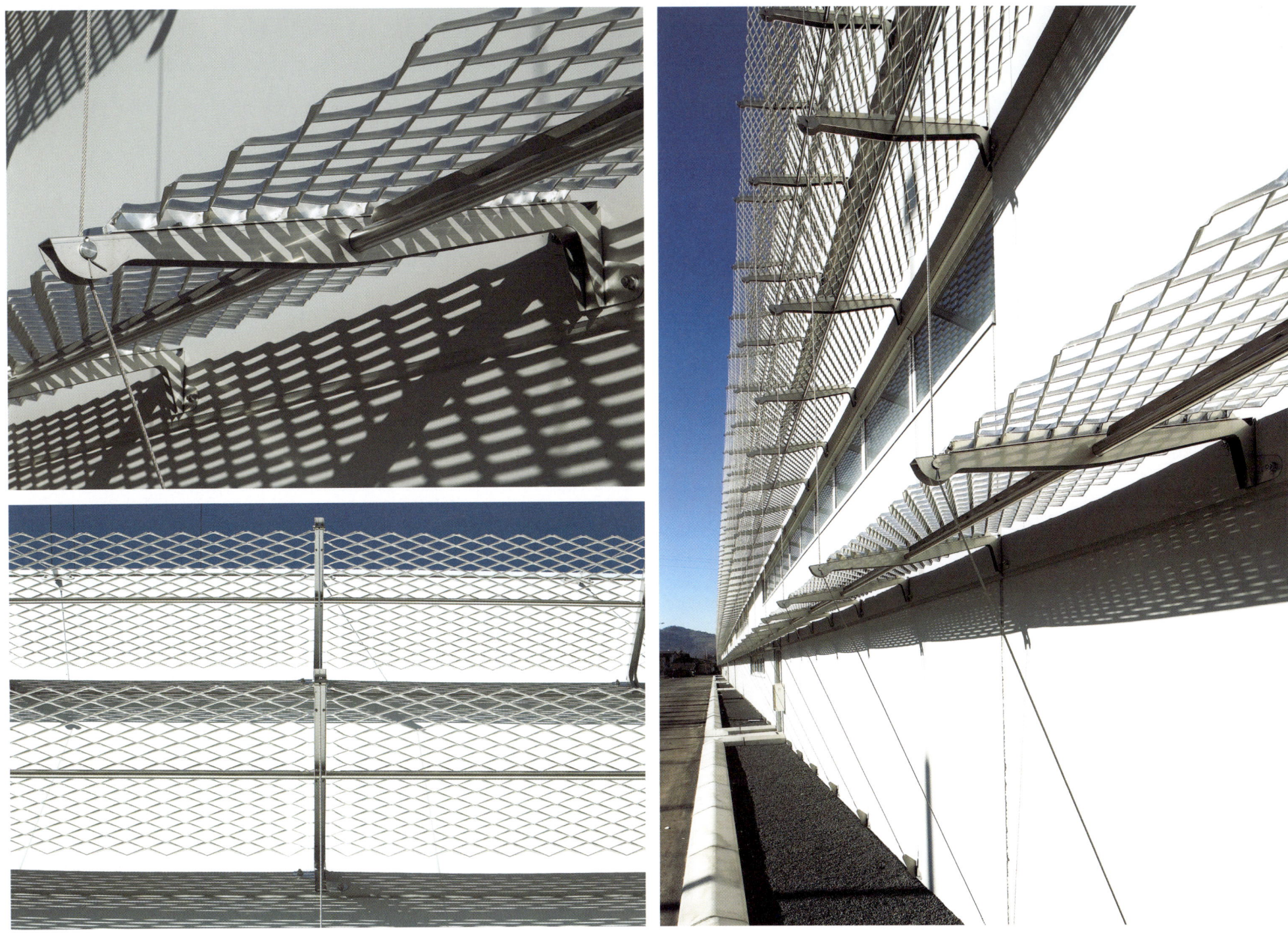

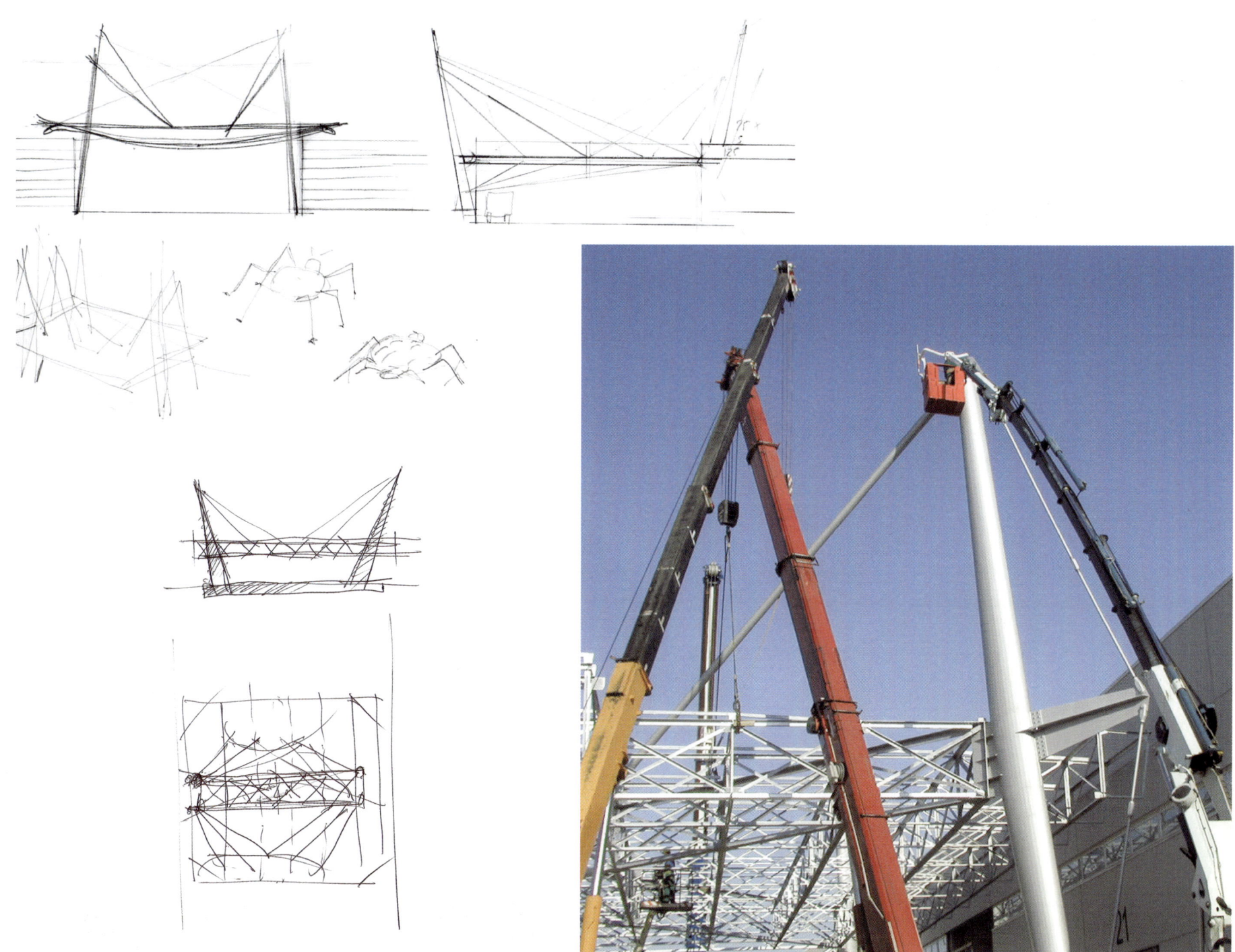

GALVAUTO SPA
EDIFICIO COMMERCIALE - AUTOSALONE
COMMERCIAL BUILDING - CAR SHOWROOM

SCHIO (VI), ITALY

Diego Chilò, Fabio Calore, Roberto Girardin
committenza: Galvauto S.r.l., Schio (VI); **area:** 7460 mq; **intervento:** sup. coperta 3500 mq, sup. sviluppata 3910 mq; **consulenti:** Adolfo Greselin, Darik Gastaldello, Filippo Pertile, Gianantonio Manfrin, Ivano Carollo, Mariano Xausa, Paolo Bruttomesso; **anno:** 1999-2004

Diego Chilò, Fabio Calore, Roberto Girardin
customer: Galvauto S.r.l., Schio (VI); **area:** 7460 sqm; **work:** covered area 3500 sqm, developed area 3910 sqm; **consultants:** Adolfo Greselin, Darik Gastaldello, Filippo Pertile, Gianantonio Manfrin, Ivano Carollo, Mariano Xausa, Paolo Bruttomesso; **year:** 1999-2004

Nell'area Pedemontana Veneta, negli anni 2000-2010 il tema del fabbricato misto ha assunto una rilevanza sempre più centrale; in un territorio a forte vocazione industriale, la trasformazione dell'edificio da manifatturiero a commerciale diventa una forte richiesta in questo periodo storico. I fabbricati vecchi e nuovi devono tenere conto della nuova prospettiva e del cambiamento in atto per un veloce riadattamento di funzione e gestione.
La maggior flessibilità e la trasformazione d'uso produrrà paesaggi e soluzioni urbanistiche multiformi e a volte contradditorie.
Un vincolo urbanistico è all'origine dell'idea progettuale, che vede un portico in acciaio dalle forme slanciate contrapposto ai due involucri edilizi in prefabbricato.
Il complesso, destinato a concessionaria di autoveicoli, si caratterizza da due fabbricati distinti collegati tra di loro da una passerella, mentre una rampa consente l'accesso al parcheggio sulla copertura.
Diversi elementi metallici, assieme alle scale di sicurezza, contraddistinguono gli edifici sui lati e contribuiscono ad esaltare i volumi dell'intero complesso, trattati con tonalità contrapposte (bianco e grigio scuro). Il cromatismo degli elementi in acciaio zincati a vista è ripreso anche nelle finiture interne.

At the foothills of Veneto, in the years 2000-2010 the theme of mixed building assumed an increasingly central importance; in an area with a strong industrial tradition, the transformation from manufacturing to commercial building was in a high demand at this time. The old and new buildings must take into account the new perspective and change in place for a quick adaptation of function and management to take place.
The increased flexibility and the transformation of use is bound to produce varied and sometimes contradictory urban landscapes and solutions.
The idea for this project, originating form constraints stipulated by the planning office, was to erect a steel portico reaching towards the sky sitting in contrast with two prefabricated building envelopes.
The complex, belonging to a car dealership, is characterized by two distinct buildings connected to each other by a walkway, while a ramp allows access to the parking lot on the roof. Various metallic elements, together with the emergency stairs, make the buildings on the sides stand out and contribute to enhancing the volumes of the entire complex, treated with opposing tones (white and dark grey). The colouring of the naked galvanized steel elements is also reflected in the interior finishes.

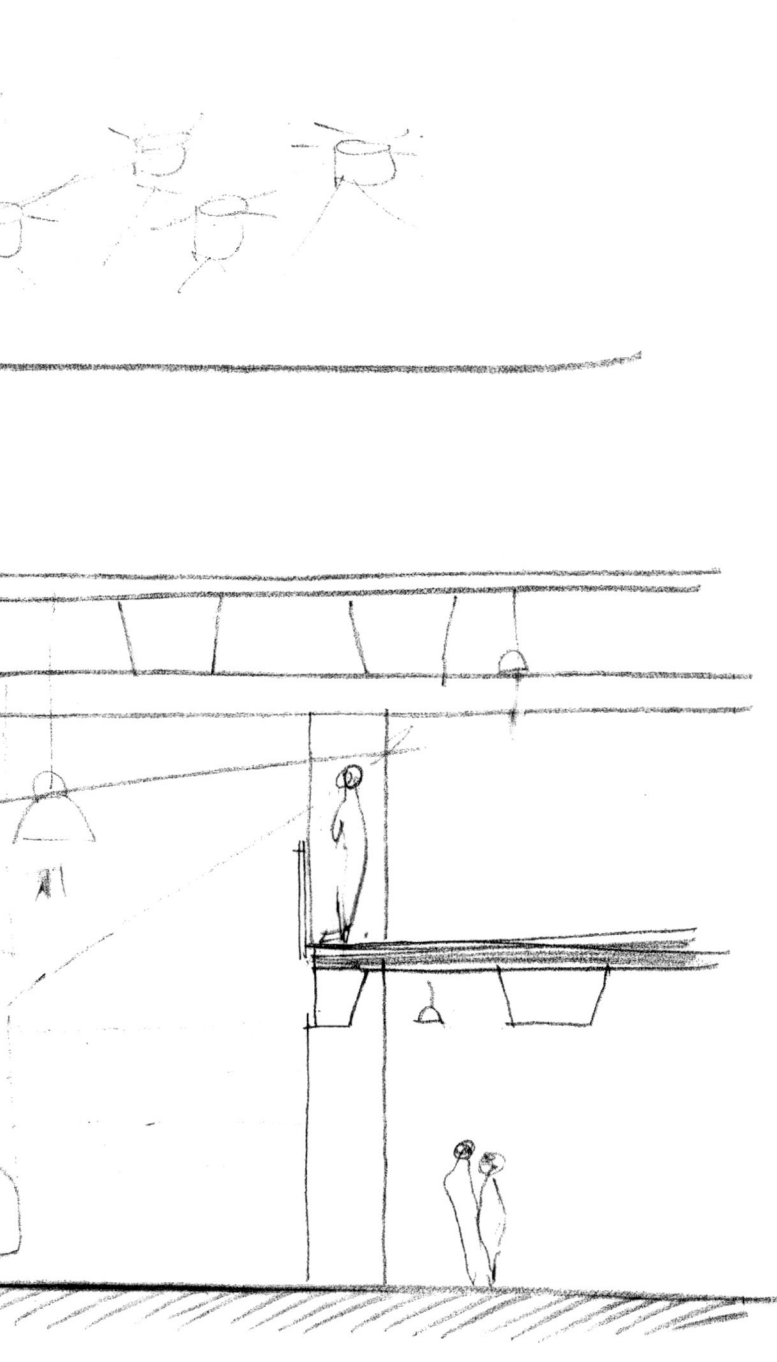

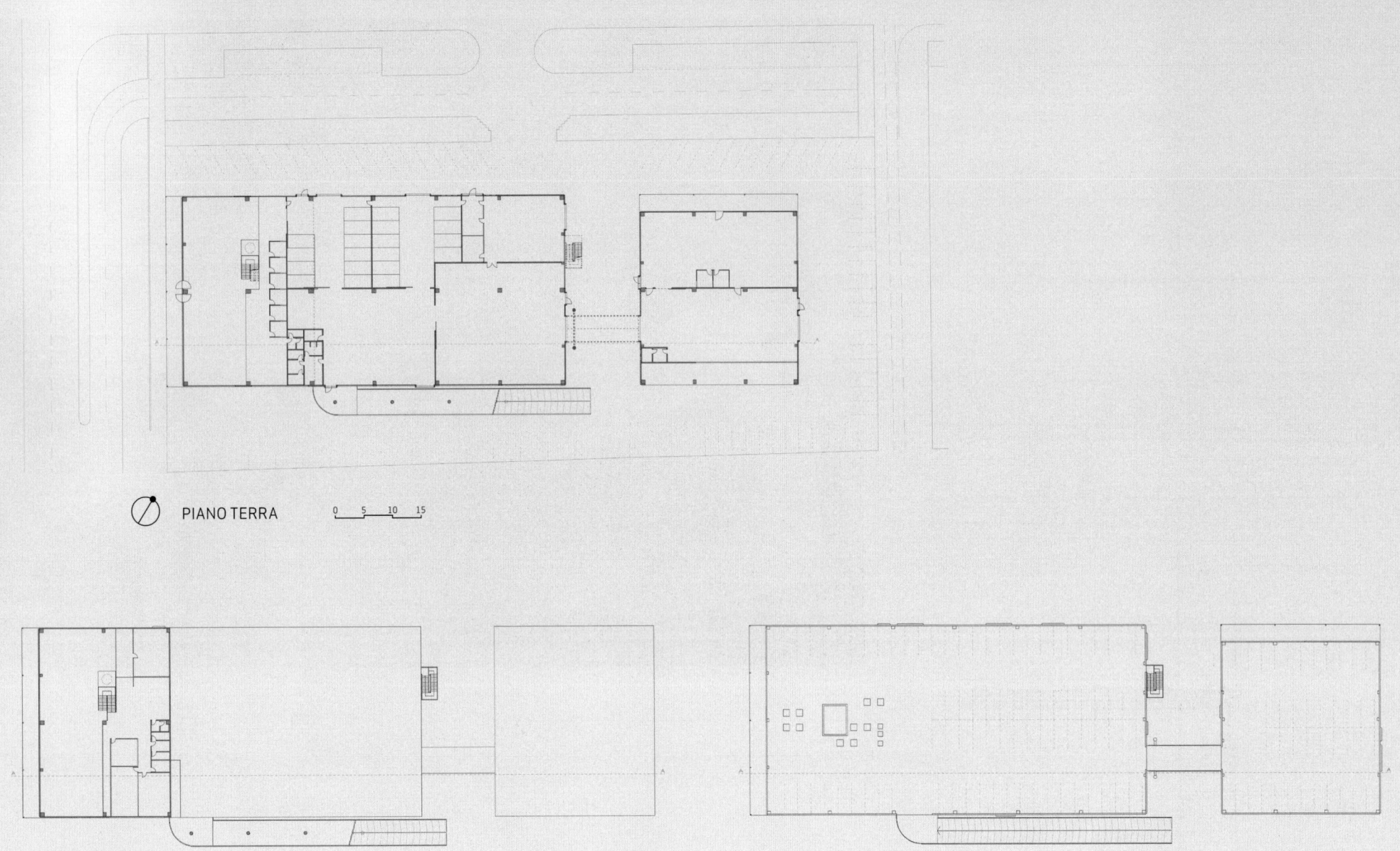

PIANO TERRA

SOPPALCO

COPERTURA

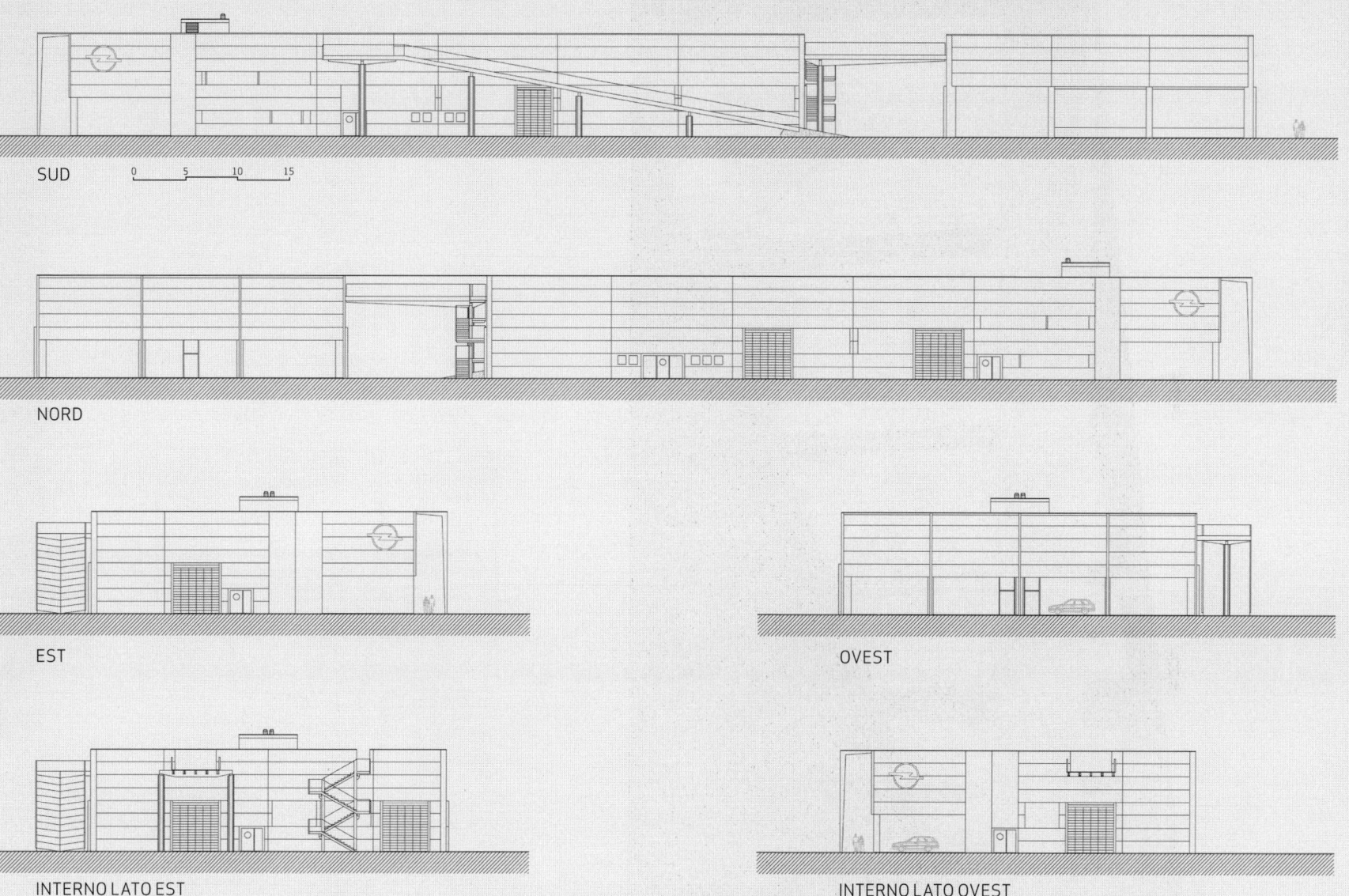

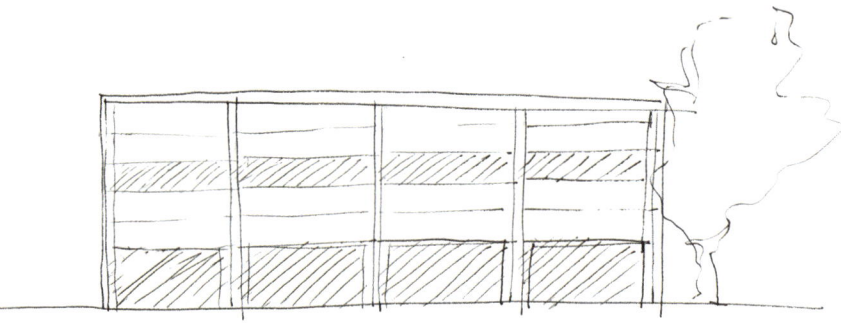

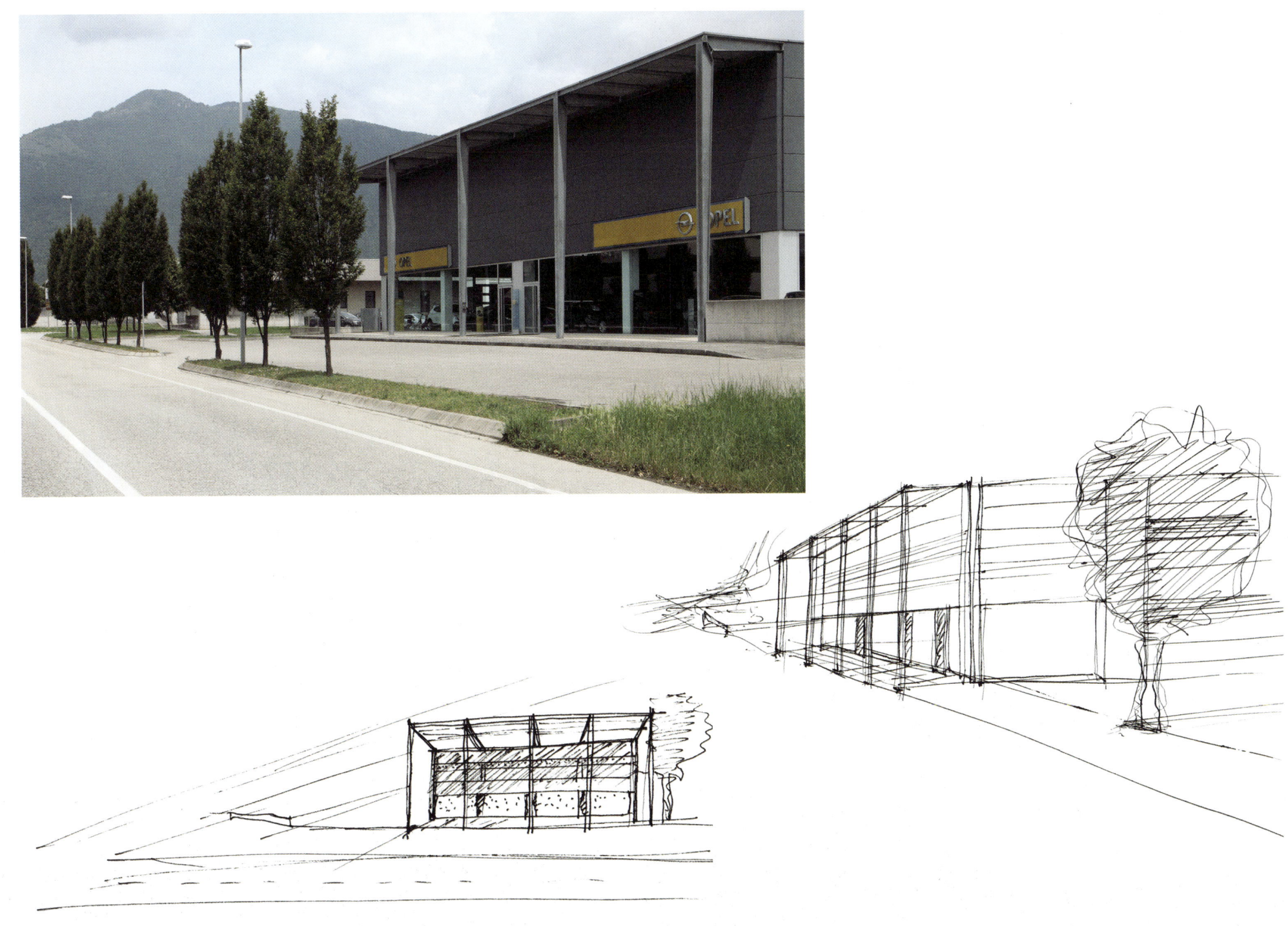

MAIR RESEARCH SPA
EDIFICIO DIREZIONALE E RESTYLING ESTERNO DELL'EDIFICIO PRODUTTIVO
DIRECTORY BUILDING AND EXTERNAL RESTYLING OF THE PRODUCTION BUILDING

SCHIO (VI), ITALY

Diego Chilò, Fabio Calore, Roberto Girardin
supervisore: Fiorenzo Valbonesi; committenza: Mair Research S.p.a., Schio (VI); area: 20100 mq; intervento: sup. coperta 740 mq, sup. sviluppata 2980 mq; consulenti: Adolfo Greselin, Alberto Dalla Bona, Darik Gastaldello, Filippo Pertile, Gianni Lentati, Giovanni Curculacos, Italo Bascelli, Ivano Carollo; anno: 1999-2001

Diego Chilò, Fabio Calore, Roberto Girardin
supervisor: Fiorenzo Valbonesi; customer: Mair Research S.p.a., Schio (VI); area: 20100 sqm; work: covered area 740 sqm, developed area 2980 sqm; consultants: Adolfo Greselin, Alberto Dalla Bona, Darik Gastaldello, Filippo Pertile, Gianni Lentati, Giovanni Curculacos, Italo Bascelli, Ivano Carollo; year: 1999-2001

Negli anni 2000, anche in questo territorio, per molti la qualità architettonica dei fabbricati industriali non è stata percepita, se non per qualche episodio, perché ritenuta non necessaria o importante per l'immagine e l'organizzazione aziendale.
L'aumento costante dei costi energetici e un rallentamento sociale e produttivo ha portato invece, in qualche caso, ad un'attenzione agli aspetti costruttivi, prestazionali e gestionali dei manufatti, per una maggiore consapevolezza e necessità, sia per la gestione aziendale sia per una futura rivalutazione del mercato immobiliare. Aspetti come il controllo delle condizioni interne ed esterne risultano importanti per il miglior comfort e per la salute di chi usufruisce degli opifici, e l'edificio direzionale, unito al restyling delle facciate del capannone di produzione, diventano un deciso messaggio di comunicazione d'impresa e segno tangibile sul territorio. L'intervento progettuale unitario nasce dall'esigenza di riqualificare esternamente un volume esistente e nel contempo realizzare un nuovo edificio direzionale inserito nell'unico sedime rimasto ancora libero, distaccato dagli edifici produttivi circostanti che delimitano l'area a disposizione su tre lati. Una maglia geometrica orizzontale disegna le quattro facciate strutturali e si estende anche al rivestimento metallico che copre gli edifici esistenti, con funzione di raffrescamento estivo e di filtro della luce. Se il rettangolo controlla il progetto in alzato, un quadrato di lato pari a 53,75 cm è il modulo generatore della pianta. Una geometria regolare che viene interrotta nella sua staticità, sulle varie facciate, da precisi elementi architettonici (la pensilina di ingresso, i tunnel trasparenti di collegamento con la parte produttiva, le scale antincendio e le canne fumarie).

In the 2000s, even in this area, architectural quality of industrial buildings was not appreciated by many, except in a few cases, because it wasn't considered necessary or important for the business image and organization.
A constant increase in energy costs and a slowdown in social and productive areas led however, in some cases, to the attention being paid to the constructive, performance and management aspects of buildings, thanks to a grater need and awareness, for both company management and the future revaluation of the housing market. Aspects such as control of internal and external conditions are important for the maximum comfort and health of those who use the factory and the office building. Combined with the redesign of the façades of the production hall, these became a business communication message and leave a tangible mark on the area. The joint project was born out of the need to redevelop externally an existing unit and at the same time build a new office building by inserting it into the only land still available, separated from the production buildings bordering the area on three sides. A horizontal geometric mesh outlines the four structural façades and also extends to the metallic coating that covers the existing buildings equipped with a summer cooling function and a light filter. If the rectangle controls the project elevation, a side equal to 53.75 cm square is the generator module of the plant. It has a regular geometry whose staticness is interrupted, on the various façades, by precise architectural elements (the entrance canopy, transparent tunnel link with the production part, fire escapes stairs and flues).

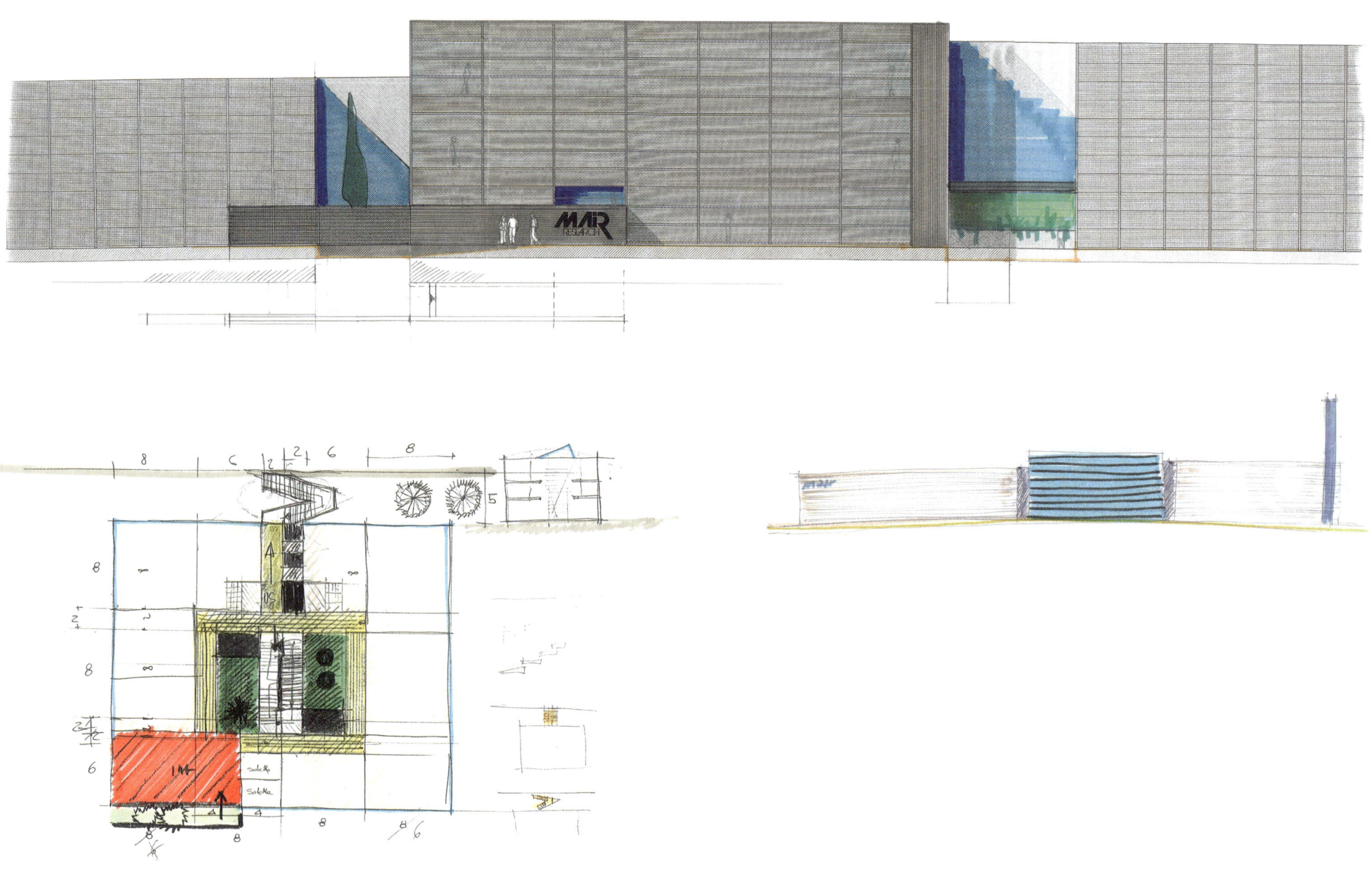

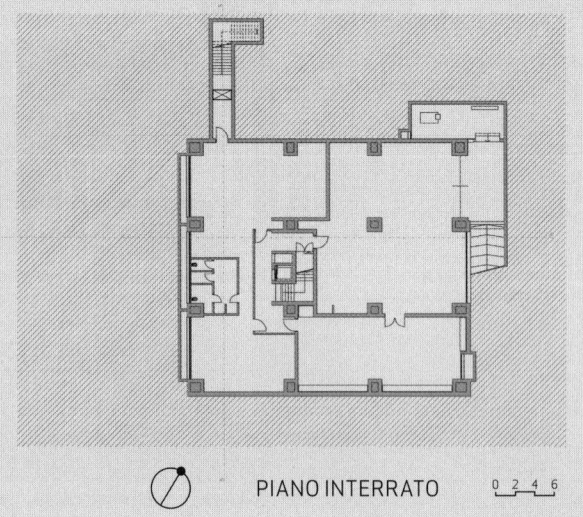

PIANO INTERRATO 0 2 4 6

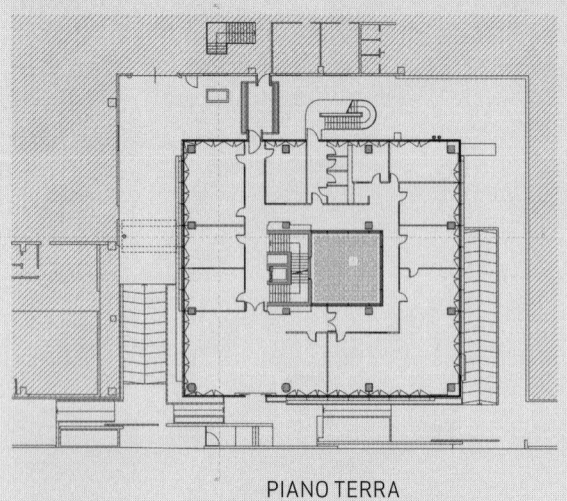

PIANO TERRA

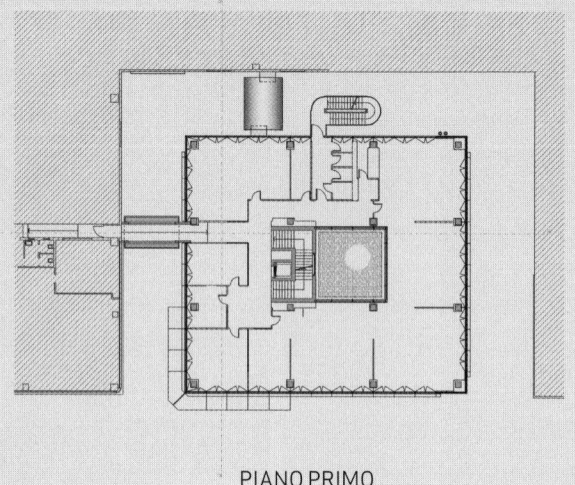

PIANO PRIMO

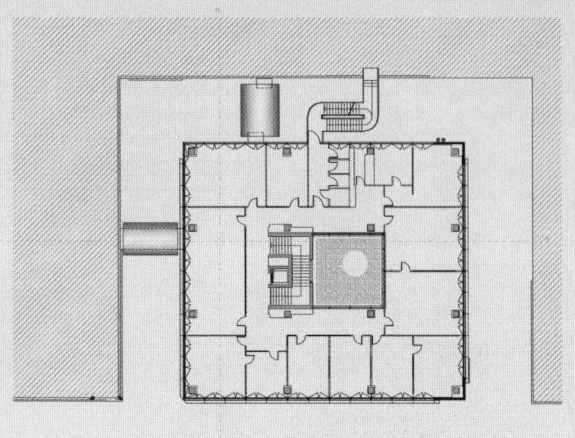

PIANO SECONDO

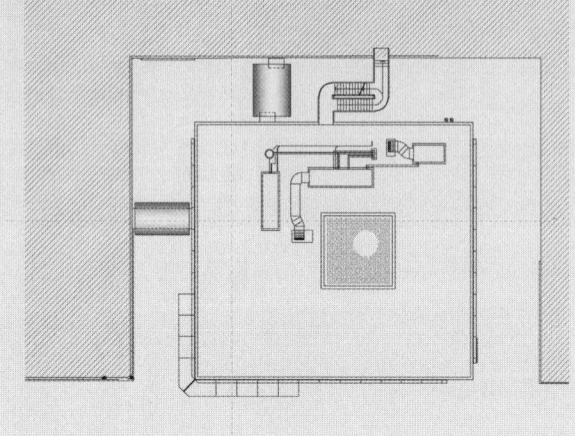

COPERTURA

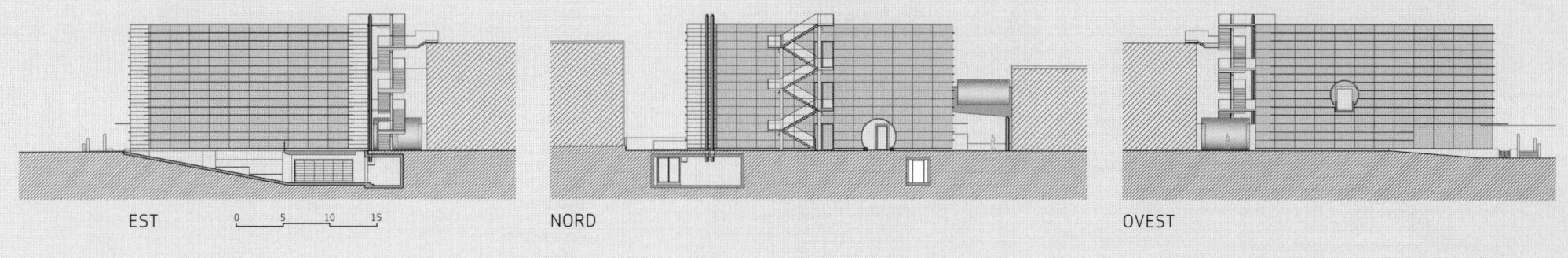

EST   0 5 10 15   NORD   OVEST

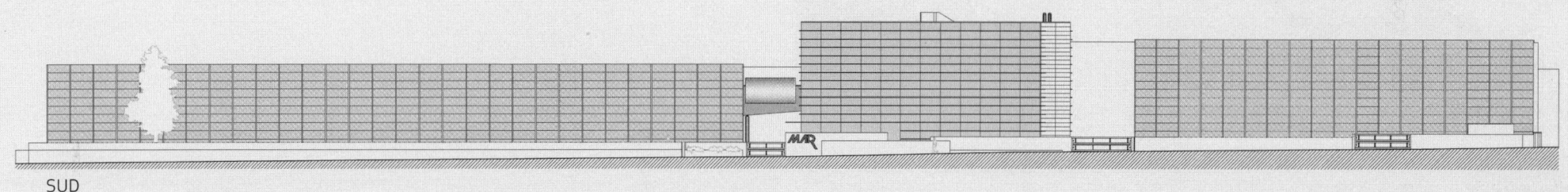

SUD

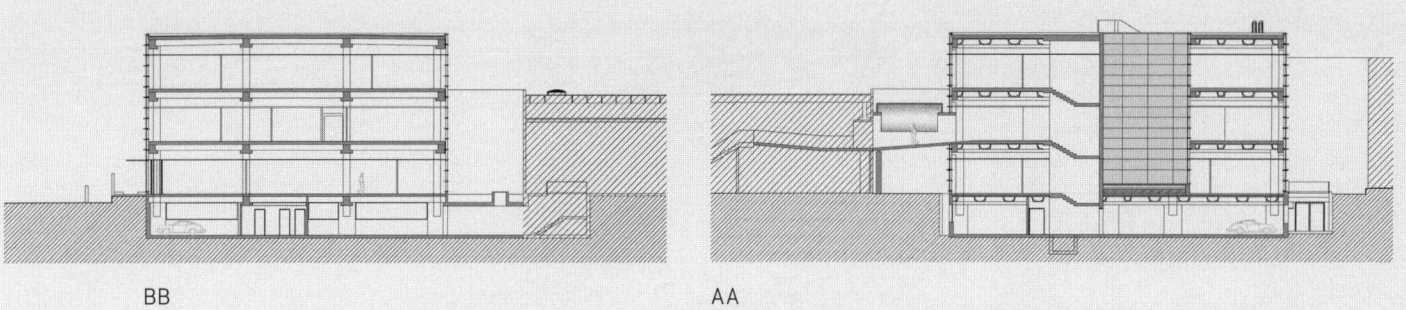

BB   AA

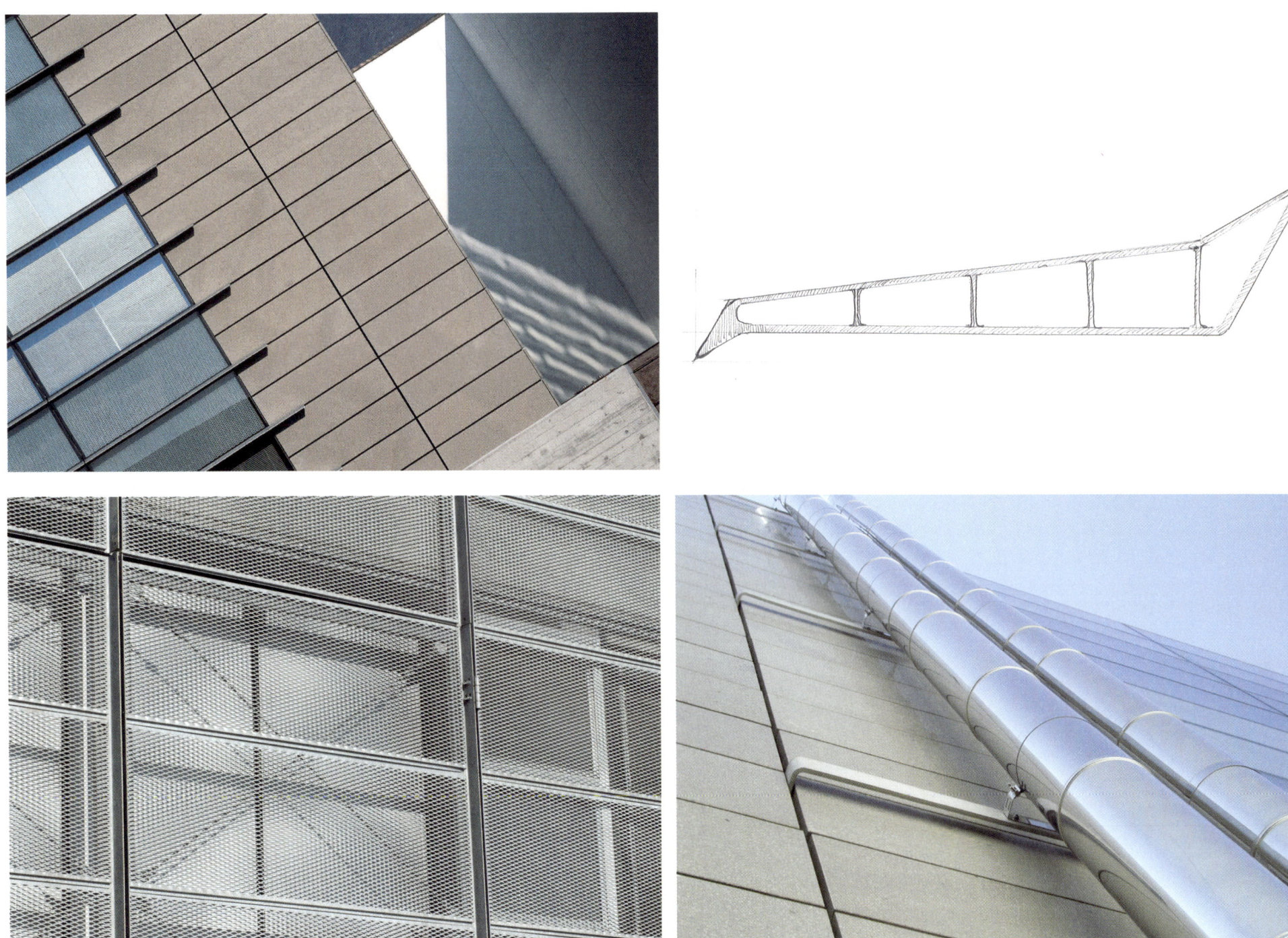

PROGETTO GUIDA SICURA
SAFE DRIVING PROJECT
PROGETTO DI RECUPERO DI UNA EX CAVA
PROJECT OF REUSE OF A FORMER PIT

MONTECCHIO PRECALCINO (VI), ITALY

Diego Chilò, Fabio Calore, Mariano Magnabosco, Roberto Girardin, Roberto Pozzato, Umberto Pivetta
committenza: Progetto Guida Sicura S.r.l.; **intervento:** 95000 mq; **anno:** 1999-2000; non realizzato

Diego Chilò, Fabio Calore, Mariano Magnabosco, Roberto Girardin, Roberto Pozzato, Umberto Pivetta
customer: Progetto Guida Sicura S.r.l.; **work:** 95000 sqm; **year:** 1999-2000; unrealized

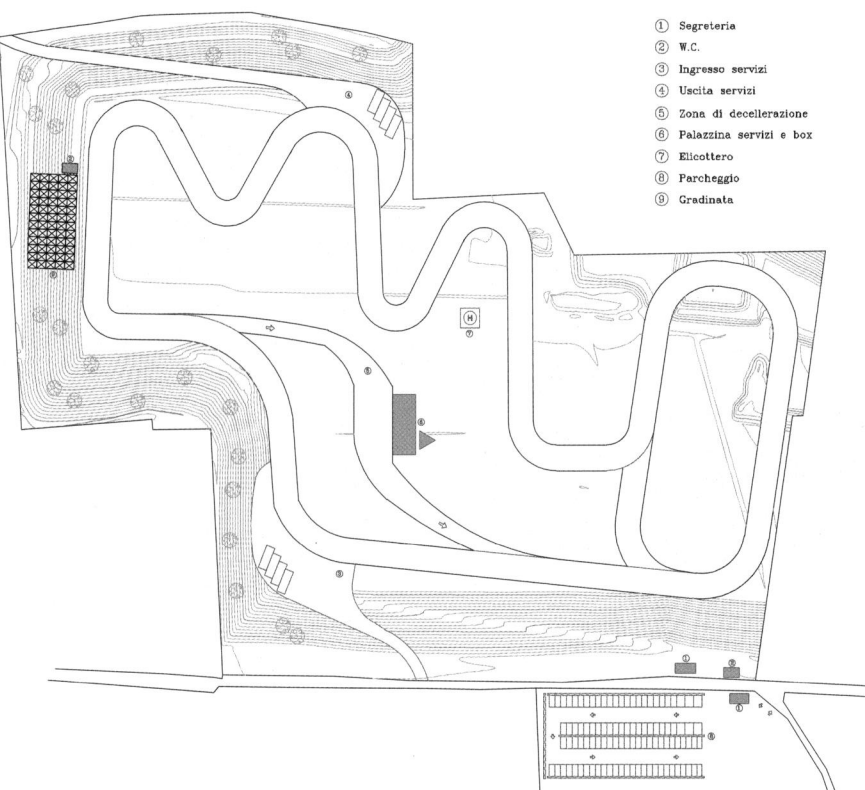

In questo caso la zona di intervento è ubicata in prossimità di aree edificate in parte urbane, rurali e artigianali, ai piedi della zona collinare verde vicentina. La viabilità in questa parte di territorio è soprattutto di tipo locale, di collegamento ai paesi circostanti. Osservando le modalità di trasporto attraverso il tessuto viario esistente, si rileva che i mezzi più utilizzati sono l'auto e il ciclomotore.

Il progetto si configura quale proposta di recupero e rivitalizzazione di una ex cava di ghiaia dismessa, attraverso l'idea "progetto guida sicura" che mira alla realizzazione, con il contributo dell'ACI, di una struttura permanente in grado di soddisfare il crescente desiderio di poter disporre di un luogo in cui poter sperimentare tecnologie ed apprendere tecniche di guida con la massima sicurezza.

Obiettivo del progetto è quello di valorizzare il luogo e promuoverne il recupero sia dal punto di vista paesaggistico che geologico, al fine di restituire e rendere fruibile alla collettività un'area che oggi è un'ampia ferita presente nel territorio comunale. Il progetto prevede la collocazione di un circuito stradale nella zona pianeggiante dell'ex cava, ad una quota di circa 20 metri al di sotto del piano di campagna circostante, con una strada avente sezione trasversale di circa 15 metri e sviluppo complessivo di circa 1300 metri.

La forma del percorso scaturisce dalla simbiosi di diversi fattori: l'analisi morfologica del sito e la forma dell'area di intervento, nonché la necessità di creare tratti rettilinei e curvi al fine di simulare il più possibile le situazioni tipiche delle strade. Il progetto si completa con la creazione di spazi e fabbricati di servizio, quali segreteria, wc, sale riunioni, locali tecnici.

In this case the work area is located in a close proximity of built up areas and party urban, rural and artisanal areas at the foot of the green hilly area of Vicenza.
The roads in this area are mostly local, interconnecting the surrounding counties. Observing modes of transport on the existing road network, it was clear that the most frequently used means of transport were the car and the moped.
The project was configured as a proposed recovery and revitalization of a former disused gravel pit, following the "safe driving project" idea. This project aimed to erect, with the contribution of ACI (Italian Automobile Club), a permanent structure capable of fulfilling the growing desire of having a place reserved for experimenting with technologies and teaching driving techniques in maximum safety.
The objective of the project was to enhance the value of the site and promote its reuse both from the geological and landscape points of view, in order to give back, and make available for use, to the community an area that, at the time, was seen as a huge scar in the municipal area.
The project involved the building of a road network in the flat area of the former pit, at an altitude of about 20 meters below the surrounding ground level. The road was about 15 meters wide with a total length of about 1300 meters.
The shape of the road network was dictated by the symbiosis of several factors: the morphological analysis of the site and shape of the work area as well as the need to create the straight and curved parts in order to best simulate typical road situations.
The project also included the construction of the service spaces and buildings, such as the reception, toilets, meeting rooms, equipment rooms.

VALEX SPA
EDIFICIO INDUSTRIALE
INDUSTRIAL BUILDING

SCHIO (VI), ITALY

Diego Chilò, Fabio Calore, Giandomenico Cocco, Roberto Girardin; **supervisori:** Afra Bianchin, Tobia Scarpa; **committenza:** Valex s.p.a., Schio (VI); **area:** 53250 mq; **intervento:** sup. coperta 17450 mq, sup. sviluppata 17790 mq; **consulenti:** Adolfo Greselin, Alberto Dalla Bona, Fiorin F.lli Studio Associato, Gianantonio Manfrin, Mariano Magnabosco, Paolo Bruttomesso, Pietro Gatto, Umberto Pivetta, Walter Todesco; **anno:** 1996-1998

Diego Chilò, Fabio Calore, Giandomenico Cocco, Roberto Girardin; **supervisors:** Afra Bianchin, Tobia Scarpa; **customer:** Valex s.p.a., Schio (VI); **area:** 53250 sqm; **work:** covered area 17450 sqm, developed area 17790 sqm; **consultants:** Adolfo Greselin, Alberto Dalla Bona, Fiorin F.lli Studio Associato, Gianantonio Manfrin, Mariano Magnabosco, Paolo Bruttomesso, Pietro Gatto, Umberto Pivetta, Walter Todesco; **year:** 1996-1998

L'Alto Vicentino negli anni 1990 e 2000, ha avuto uno sviluppo industriale imprevedibile, e l'elemento conflittuale più evidente è stato il rapporto con la viabilità.
Sviluppo e competitività del sistema produttivo in questi anni sono stati contenuti per una mancanza di infrastrutture che potessero contribuire alla riduzione dei tempi di percorrenza fra i nodi delle diverse aree industriali del territorio e le viabilità primarie. Se, da una parte, c'era questa difficoltà, dall'altra il fabbricato cercava di contribuire alle nuove esigenze logistiche mediante lo studio di fabbricati di grandi dimensioni con qualche attenzione all'aspetto architettonico e alle ricerche stilistiche.
Questo edificio con struttura prefabbricata adibito a magazzino e un corpo adiacente, formato da una copertura strallata sostenuta da due coppie di piloni a forma di "Y" rovescia, sono la prima metà di un progetto che contempla la possibilità di uno speculare ampliamento futuro, realizzato con grandi luci interne per favorire la logistica, e tamponato con una parete di nuova generazione microventilata studiata appositamente per mantenere, nel periodo estivo e invernale, una temperatura controllata a tutela del contenuto interno dei prodotti immagazzinati.
Ne deriva una sintesi tra espressività formale ed esigenze tecnico-strutturali, imperniata sul confrontoscontro tra una pensilina in acciaio ed un volume i cui spigoli sono sottolineati da "portali" in calcestruzzo prefabbricato tamponati da un sistema flessibile nella modifica della trama delle forature, capace di favorire un elevato comfort ambientale grazie al rivestimento di doghe metalliche, che garantiscono la microventilazione della parete e generano una superficie metallica sotto la cui uniformità si celano porte e finestre.

The Alto Vicentino in the 1990s and 2000s, has had an unpredictable industrial development, and the most conspicuous conflicting point was the road connections.
Development and competitiveness of the production system in these years were limited by a lack of infrastructure that could contribute to the reduction of travel time between industrial centres in different industrial regions of the area and the primary road network. Given this difficulty, the building trade was trying to contribute to the new logistic requirements through designing large buildings while paying attention to the architectural and stylistic aspects.
This building with prefabricated structure is used as a warehouse it also has an adjoining building, that consists of a guyed roof supported by two pairs of pylons in the shape of an up side down letter "Y". This is the first half of a project that reserves the possibility of a future extension, implemented with large interior lights to facilitate the logistics, and buffered with a new generation micro ventilated wall designed specifically to maintain, in summer and winter, a required temperature so as to meet the storage needs of the products stored inside.
The result was a synthesis of formal expressiveness and technical and structural requirements, based on the comparison-clash between a steel canopy, and a volume whose edges are emphasized by prefabricated concrete "portals" buffered by a flexible system of pattern of holes, able to foster a high environmental comfort thanks to the metal slat coverings which guarantee micro-ventilation of the wall and create a metal surface under whose uniformity lie doors and windows.

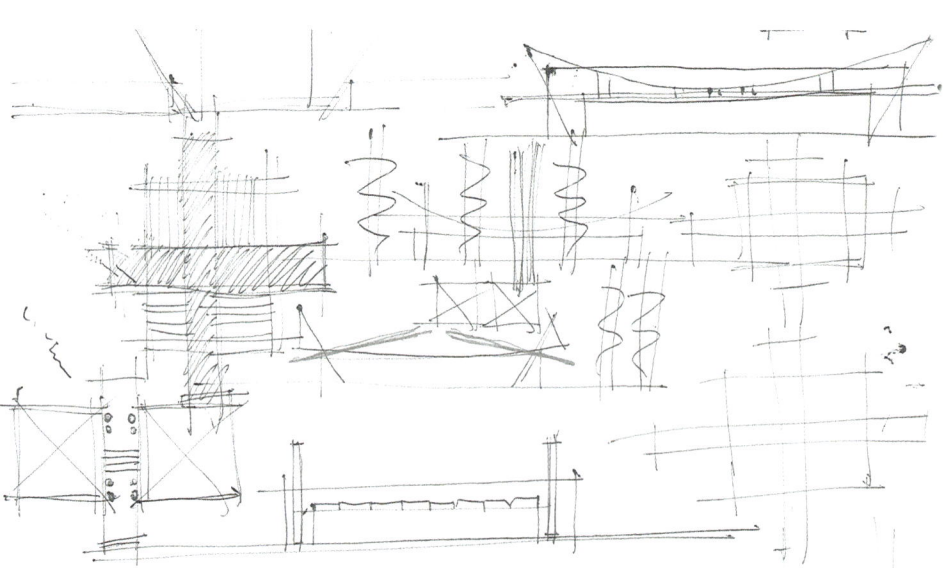
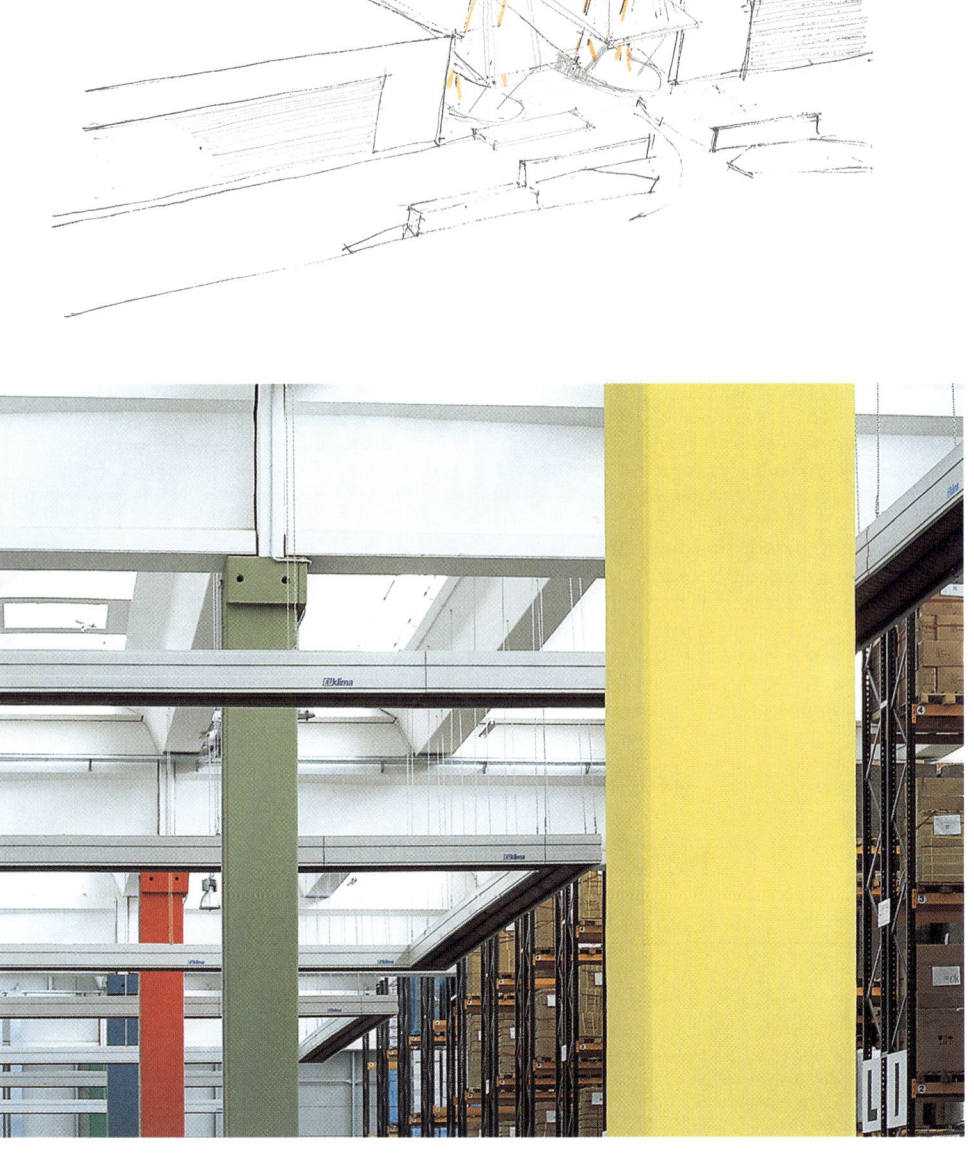

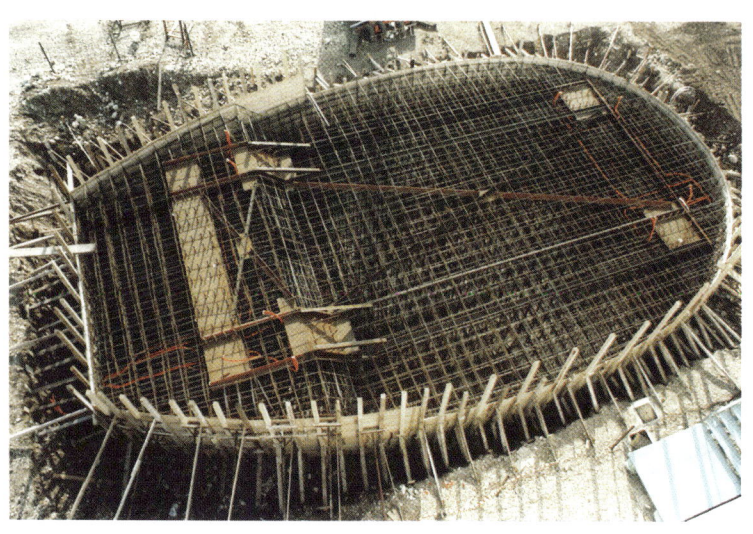

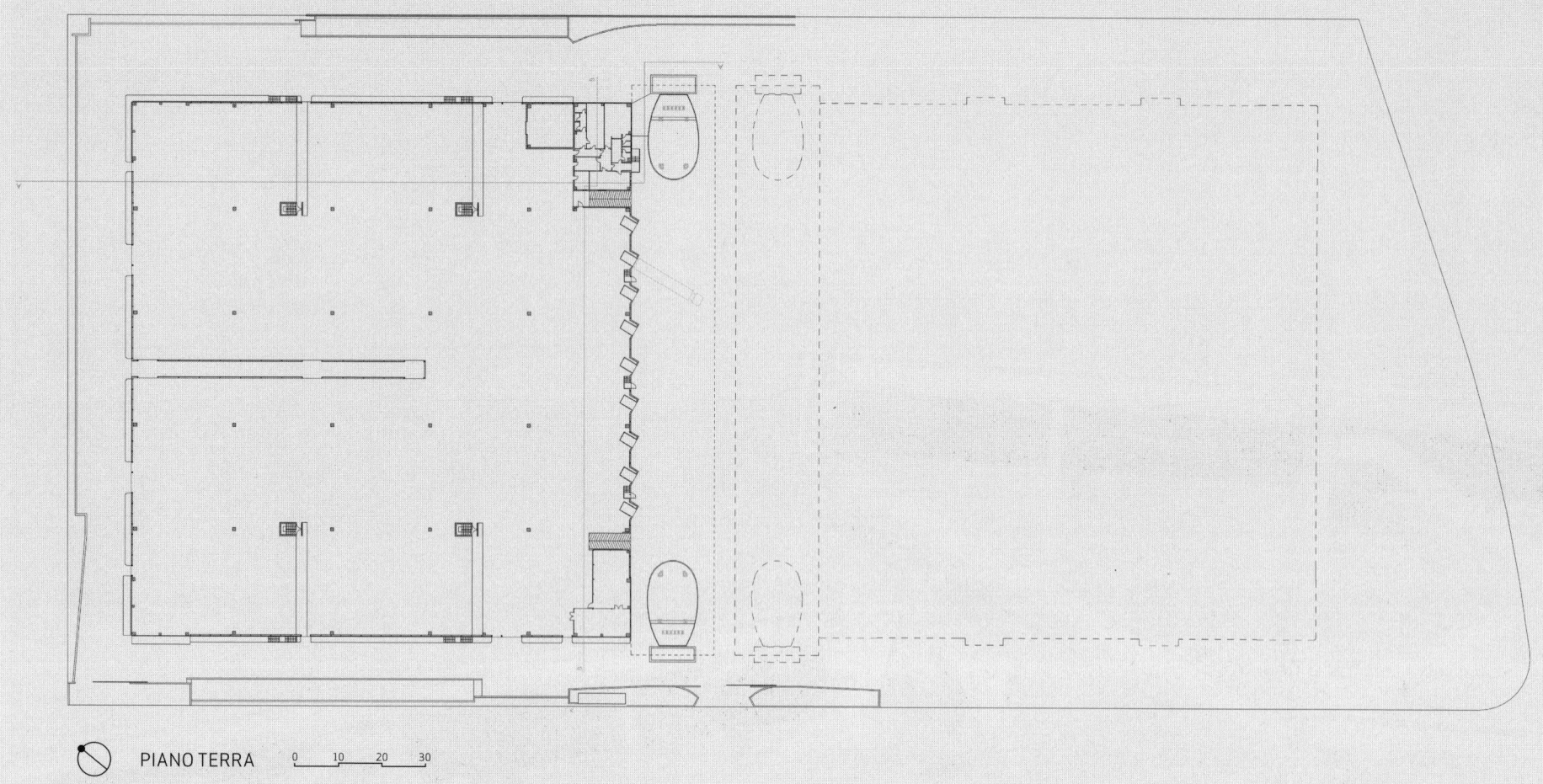

PIANO TERRA 0 10 20 30

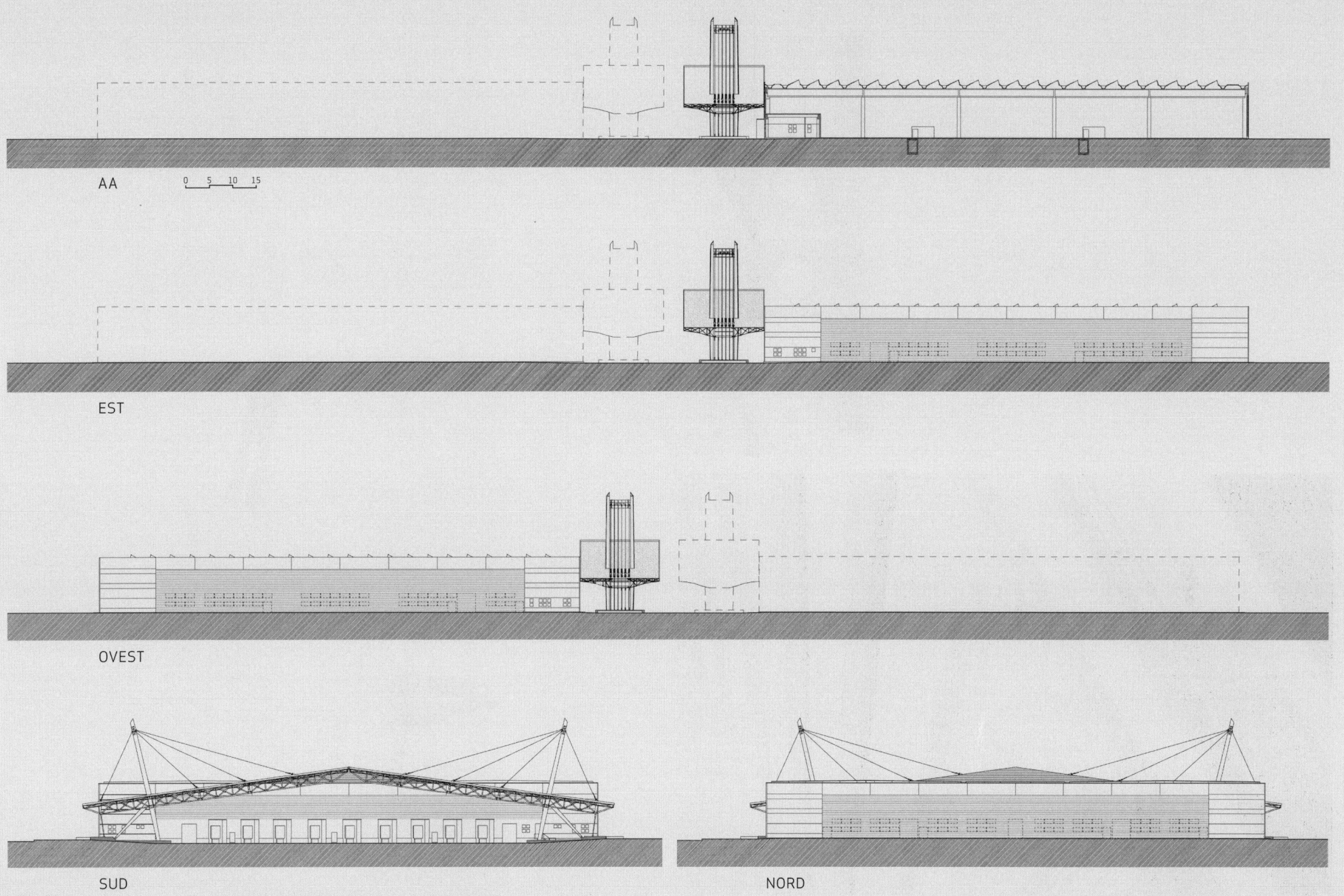

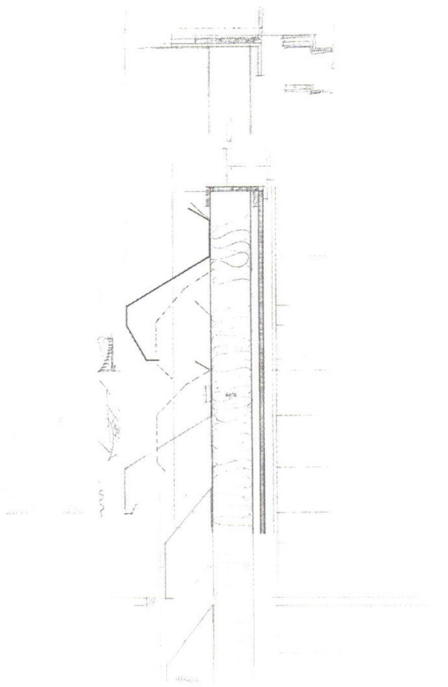

MAVEL S.N.C.
EDIFICIO ARTIGIANALE CON UFFICI
CRAFTSMANSHIP BUILDING WITH OFFICES

MARANO VICENTINO (VI), ITALY

Diego Chilò, Fabio Calore
committenza: Mavel S.n.c., Marano Vicentino (VI); **area:** 3140 mq; **intervento:** sup. coperta 1710 mq, sup. sviluppata 1840 mq; **consulenti:** Ivano Carollo, Mariano Xausa, Paolo Bruttomesso, Umberto Pivetta; **anno:** 1996

Diego Chilò, Fabio Calore
customer: Mavel S.n.c., Marano Vicentino (VI); **area:** 3140 sqm; **work:** covered area 1710 sqm, developed area 1840 sqm; **consultants:** Ivano Carollo, Mariano Xausa, Paolo Bruttomesso, Umberto Pivetta; **year:** 1996

La trasformazione edilizia del patrimonio produttivo è uno degli effetti che hanno contribuito all'aumento della produttività del modello nord-est.

È importante sottolineare che i modelli produttivi di questo territorio subiranno nel tempo riconversioni e l'attività manifatturiera attuale che svolge un ruolo centrale, sarà sempre più trasformata in logistica, specializzazione e finanza. La visione delle nuove strutture industriali, piccole o grandi che siano, verso cui andremo a confluire, dovranno confrontarsi con grandi spazi interni flessibili e razionali, di dimensioni strategiche, vicine alle arterie principali e facilmente trasformabili.

Per questo progetto, la riqualificazione di un sito dove risultava già presente un edificio produttivo dismesso e fatiscente, la forma irregolare dell'area, nonché la necessità di realizzare un fabbricato con la massima rapidità e a costi contenuti, hanno portato alla realizzazione di una semplice "scatola" che diventa il contenitore delle funzioni aziendali, con grandi luci interne e senza partiture.

Un semplice segno orizzontale ripetuto con modularità sulla verticalità della facciata determina, incrociandosi con i giunti verticali degli elementi prefabbricati e dei quali ne riprende la sezione scanalata, la formazione di una griglia regolare di 120x240 cm all'interno della quale si inseriscono i fori come multipli o sottomultipli della stessa.

The transformation of the production buildings heritage is one of the facts that have contributed to increased productivity in the north-east manufacturing model.

It is important to emphasize that the production models of this area will undergo conversions in time and the current manufacturing activity, which plays a central role, will be increasingly transformed into logistics, expertise and finance. The vision of the new industrial facilities, small or large, to which we are converging, will have to contrast with large, rational and flexible interior space, of strategic dimensions, close to the main roads and easily modifiable.

For this project, the desire to redevelop a site where there already was an abandoned and dilapidated production building, the fact that the shape of the area was irregular and the need to construct a building at a maximum speed and minimum cost, have all led to the creation of a simple "box" that became the container of the corporate departments, with large interior lights and no partitions.

A simple horizontal sign repeated with modularity vertically on the façade determines, intersecting with the vertical joints of the prefabricated elements which go also on the grooved section, the formation of a regular grid of 120x240 cm with a hole pattern as a multiple of itself.

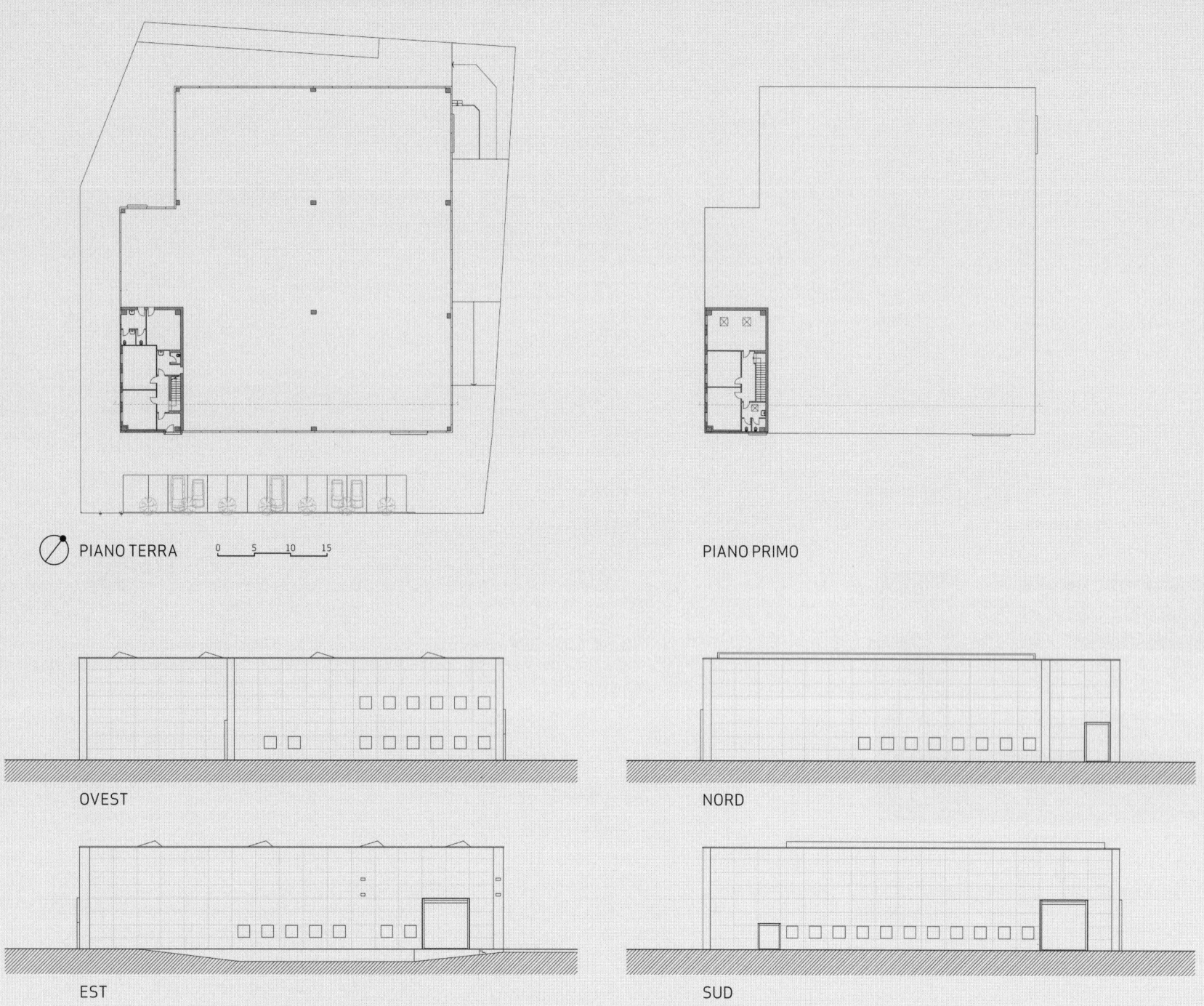

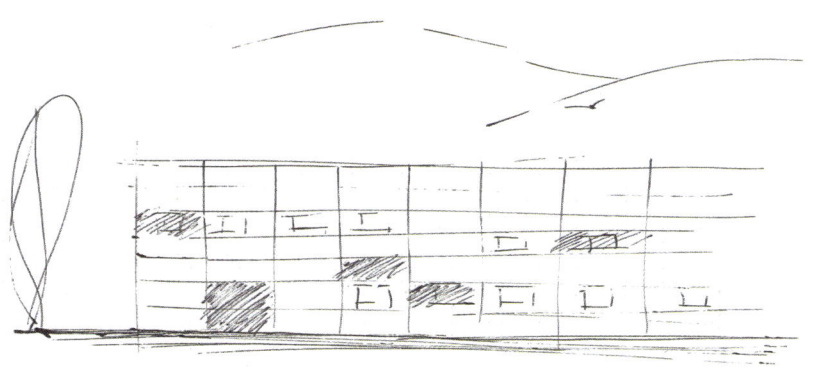

COSTRUZIONI SACCARDI S.C.A.R.L.
EDIFICIO ARTIGIANALE CON UFFICI
CRAFTSMANSHIP BUILDING WITH OFFICES

LUGO (VI), ITALY

Diego Chilò, Fabio Calore
committenza: Costruzioni Saccardi S.c.a.r.l., Lugo (VI); **area**: 2460 mq; **intervento**: sup. coperta 1020 mq, sup. sviluppata 1240 mq; **consulenti**: Gianantonio Manfrin, Roberto Girardin, Stefano Vicari, Studio Associato M & P, Umberto Pivetta; **anno**: 1993-1995

Diego Chilò, Fabio Calore, Roberto Girardin
customer: Costruzioni Saccardi S.c.a.r.l., Lugo (VI); **area**: 2460 sqm; **work**: covered area 1020 sqm, developed area 1240 sqm; **consultants**: Gianantonio Manfrin, Roberto Girardin, Stefano Vicari, Studio Associato M & P, Umberto Pivetta; **year**: 1993-1995

In epoche recenti, il fenomeno della "città diffusa" ha contribuito a creare un'immagine precisa della pianura veneta e del territorio vicentino: l'edificazione frammentata, spesso agganciata all'edificato esistente e in vicinanza di ambienti naturali anche di particolare pregio, ha costituito per anni quasi una regola. Esempi industriali come questo, anche se contenuti, con il recupero di parti di un vecchio manufatto prefabbricato industriale oggetto di demolizione (pannelli di tamponamento), e il successivo adeguamento al nuovo progetto, si configurano come un primo tentativo di recupero del concetto della prefabbricazione industriale tipica di questi ultimi 40 anni.
Il complesso è costituito dalla piccola sede direzionale e dall'edificio destinato al deposito delle attrezzature e dei materiali di un'impresa di costruzioni. L'elemento di maggior spicco del complesso è rappresentato dalla palazzina direzionale, caratterizzata da un'alternanza di pareti cieche e pareti completamente vetrate che facilitano la lettura tipologica e creano un rapporto dialettico di masse e trasparenze.
Le pareti sono rivestite con pannelli di calcestruzzo bocciardato a mano che richiamano l'antica tradizione locale e la raffinata decorazione creata degli scalpellini di un tempo. La diversa articolazione degli edifici è ripresa anche all'interno, dove gli ambienti sono organizzati in modo da garantire la perfetta integrazione tra le diverse attività.

In recent times, the "sprawl" phenomenon has helped to create a precise look of the Veneto plain and the Vicenza area: fragmented building, often by attaching new buildings to existing ones and in the proximity of natural surroundings, often of a special value, has been treated almost as a rule for years. Industrial examples like this, even if limited in number, with the recovery of parts of an old industrial prefabricated component subject to demolition (buffering panels), and the subsequent adjustments to the new project, constitute a first attempt to recover the concept of industrial prefabrication typical of the past 40 years.
The complex consists of a small headquarters and the building for the storage of equipment and materials for a construction company.
The most prominent element of the complex is the management building, characterized by alternating solid walls and glass partitions which facilitate the typological reading and create a dialectical relationship of masses and transparencies.
The walls are covered with hand-hammered concrete panels reminiscent of an ancient local tradition and the refined decoration made of the stonecutters of the past.
The different composition of the buildings is also echoed inside, where the rooms are arranged so as to ensure the seamless integration between different activities.

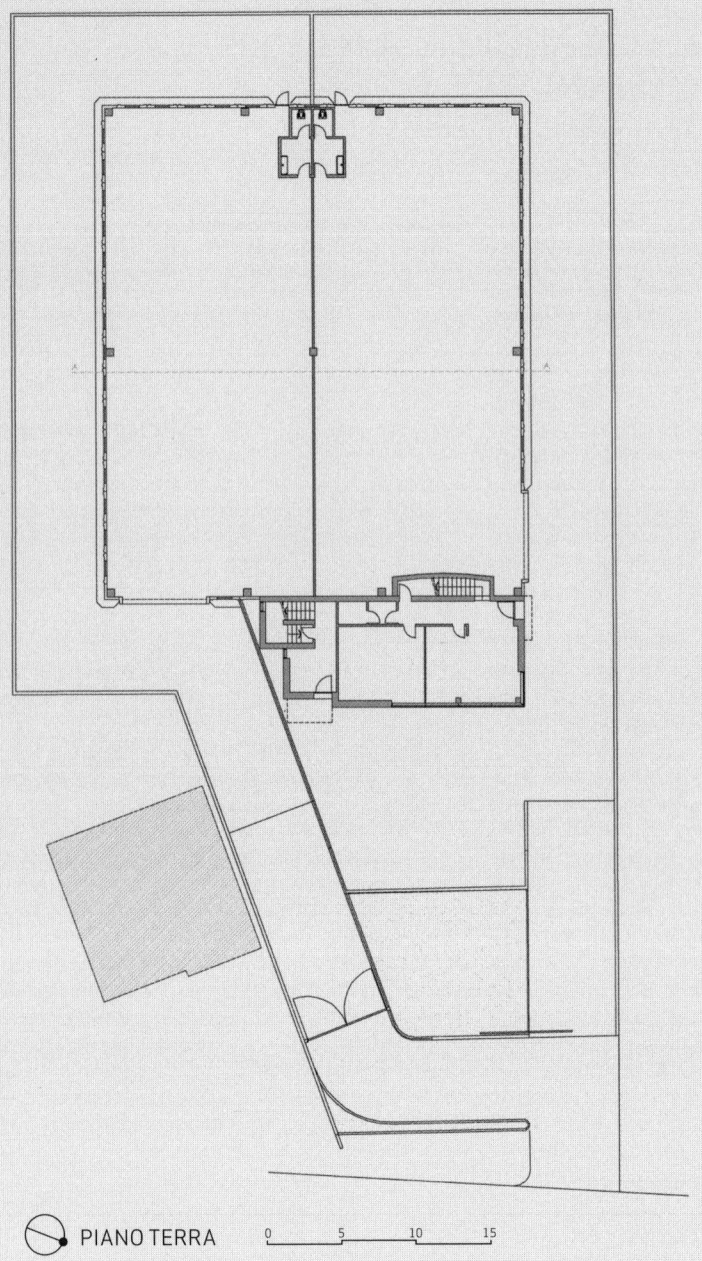

PIANO TERRA   0 5 10 15

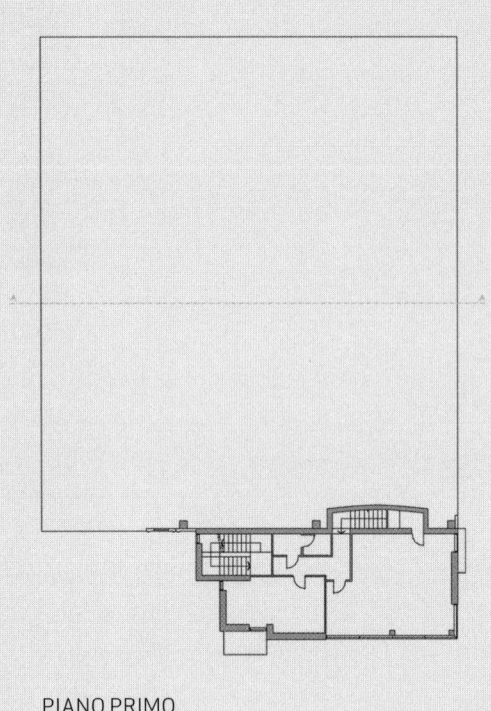

PIANO PRIMO

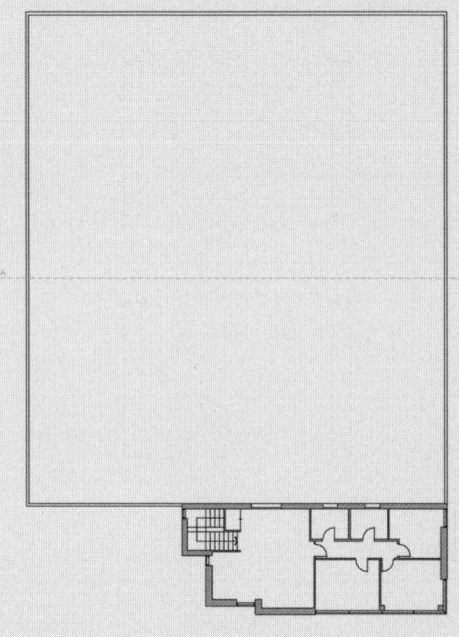

PIANO SECONDO

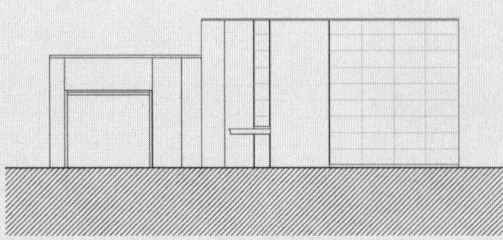

PROSPETTO EST

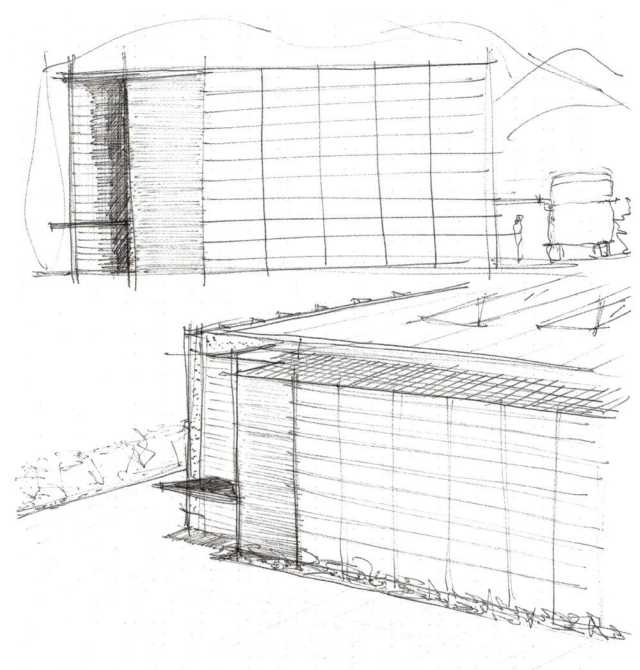

TELWIN SPA
AMPLIAMENTO EDIFICIO INDUSTRIALE CON UFFICI E RIQUALIFICAZIONE DELL'ESISTENTE
INDUSTRIAL BUILDING AND OFFICES EXTENSION ANDUPGRADING OF THE EXISTING PREMISSES

VILLAVERLA (VI), ITALY

Diego Chilò, Fabio Calore, Gianantonio Manfrin, Roberto Girardin; **committenza**: Telwin s.p.a., Villaverla (VI); **area**: 49310 mq; **intervento**: sup. coperta 18850 mq, sup. sviluppata 22040 mq; **consulenti**: Adolfo Greselin, Giorgio Lissa, Ivano Carollo, Marcello Rosa, Stefano Vicari, Umberto Pivetta; **anno**: 1991-1994

Diego Chilò, Fabio Calore, Gianantonio Manfrin, Roberto Girardin; **customer**: Telwin s.p.a., Villaverla (VI); **area**: 49310 sqm; **work**: covered area 18850 sqm, developed area 22040 sqm; **consultants**: Adolfo Greselin, Giorgio Lissa, Ivano Carollo, Marcello Rosa, Stefano Vicari, Umberto Pivetta; **year**: 1991-1994

Il territorio vicentino è caratterizzato da un substrato culturale profondo, in cui gli interventi delle famiglie storicamente più importanti hanno contribuito a delineare importanti rapporti con il luogo della produzione e i nuovi opifici, come contributo al rinnovamento e, in alcuni casi, spine e nodo di un complesso sistema urbano che ha generato una rilettura globale dello spazio urbano.
L'intervento è collocato all'ingresso di Villaverla, lungo un'arteria importante come la SP 349 (Strada del Costo). Il tema su cui si basa il progetto riguarda il conferimento di una nuova immagine aziendale per spazi produttivi e direzionali con l'ampliamento e la ristrutturazione di un fabbricato esistente, la costruzione di nuovi uffici e la sistemazione degli spazi aperti con lo scopo di dare all'insieme un'immagine di unitarietà.
L'intervento principale è costituito da un corpo uffici vetrato in calcestruzzo a vista nei portali che ne definiscono i contorni, che si contrappone agli edifici produttivi - corpi lineari articolati nei prospetti da lunghe finestre a nastro rivestite di frangisole - e da un sistema di spazi aperti imperniato su una grande aiuola ovale. Per quanto riguarda gli spazi interni, materiali, colori e layout distributivo danno forma ad ambienti che si rapportano ad ogni attività umana, illuminati da una luce il più possibile naturale e diffusa. Un grande prato di fronte agli uffici, "l'ovale fiorito", e i parcheggi alberati relazionano gli edifici alla strada, mentre alcuni arbusti delimitano il prato inglese dall'incolto e indirizzano lo sguardo del visitatore che giunge da nord, il tutto integrato con l'ambiente della pianura veneta circostante.

The Vicenza area is characterized by a profound cultural background, in which the work of the most historically important families helped to shape important connections with the place of production and new factories, as a contribution to the updating and, in some cases, the backbone of a complex urban system that spawned a global reinterpretation of the urban space.
This site is located at the entrance of Villaverla, along a very important transport artery SP 349 (Strada del Costo). The inspiration for the project was the launching of a new corporate image for production and office space by expanding and renovating an existing building, constructing new offices and the redesigning of the open spaces with the aim of giving a sense of unity to all the elements.
The main part of this project is an office block covered in glass with an exposed concrete frame structure that defines its contours, in contrast with the production buildings with linear articulated forms of the façades consisting of long ribbon windows covered by blinds, and a system of open spaces hinged on a spacious oval flowerbed. Inside, materials, colours and layout give shape to environment that relates to every human activity, lit by a light as natural and diffused as possible. A large lawn in front of the office, "the flowery oval", and the parking lots connect the offices to the street, while a row of shrub separates the English grass lawn from the uncultivated fields and leads the visitor's eye that comes from the north, all integrated with the environment of the surrounding Veneto plain.

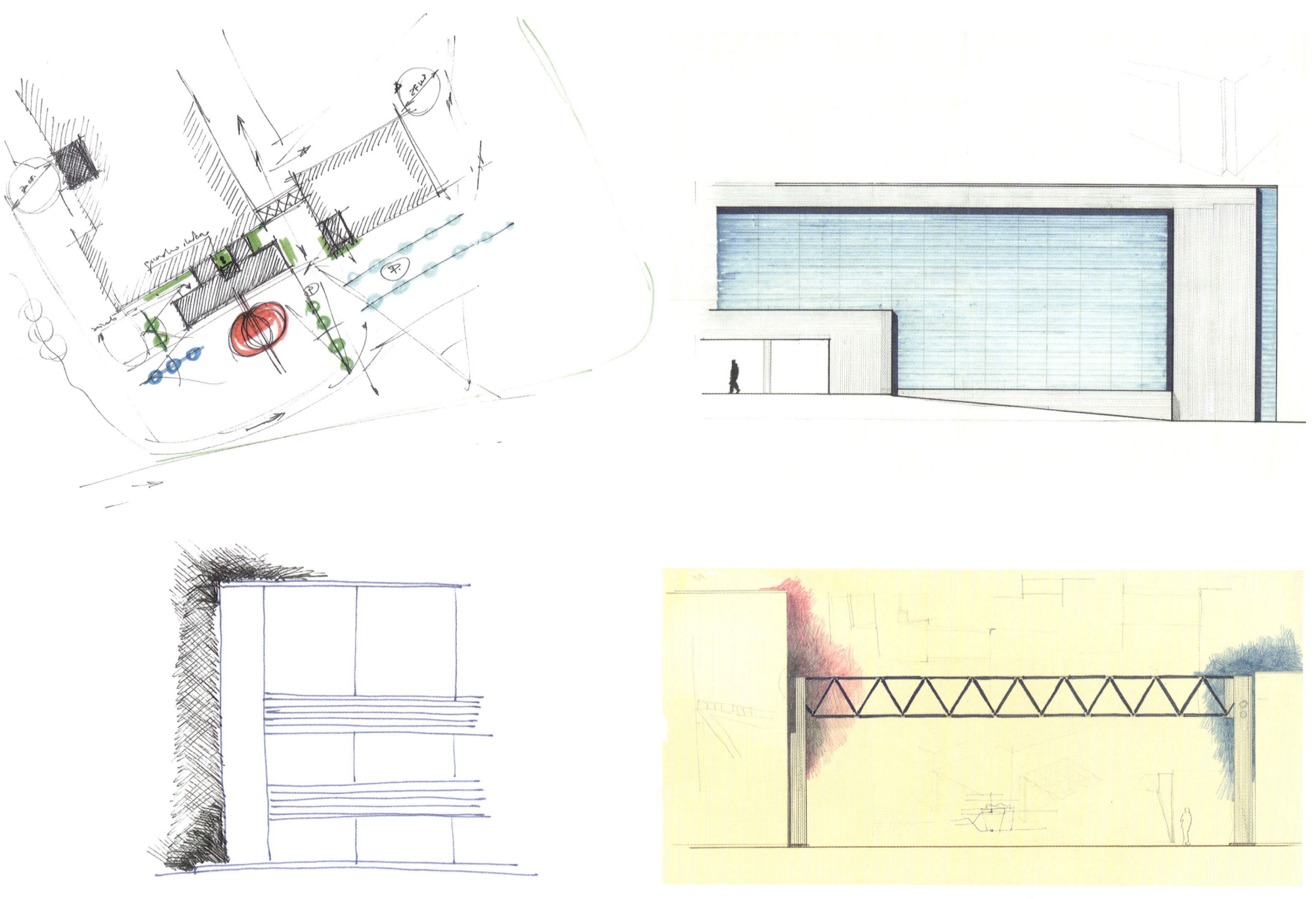

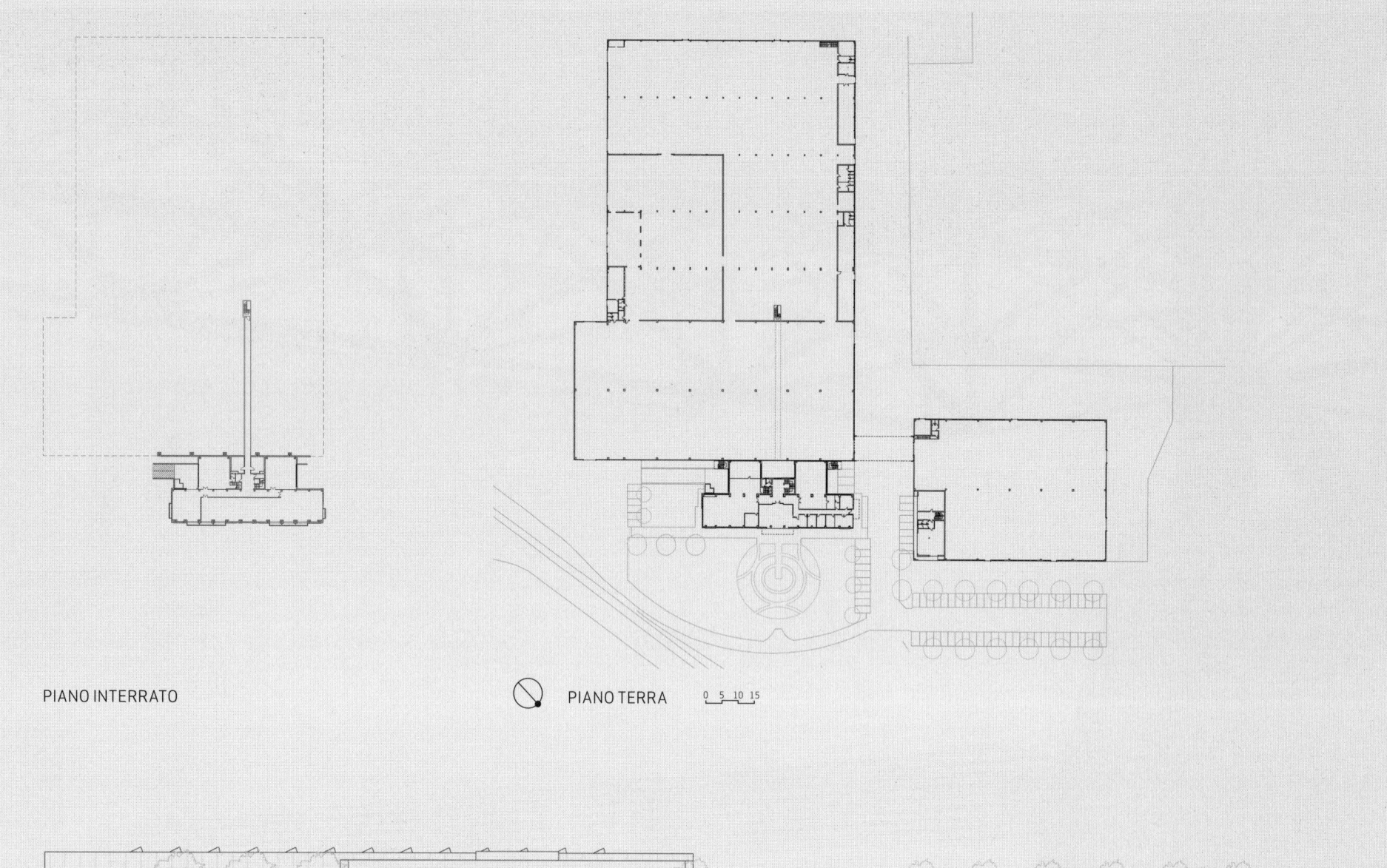

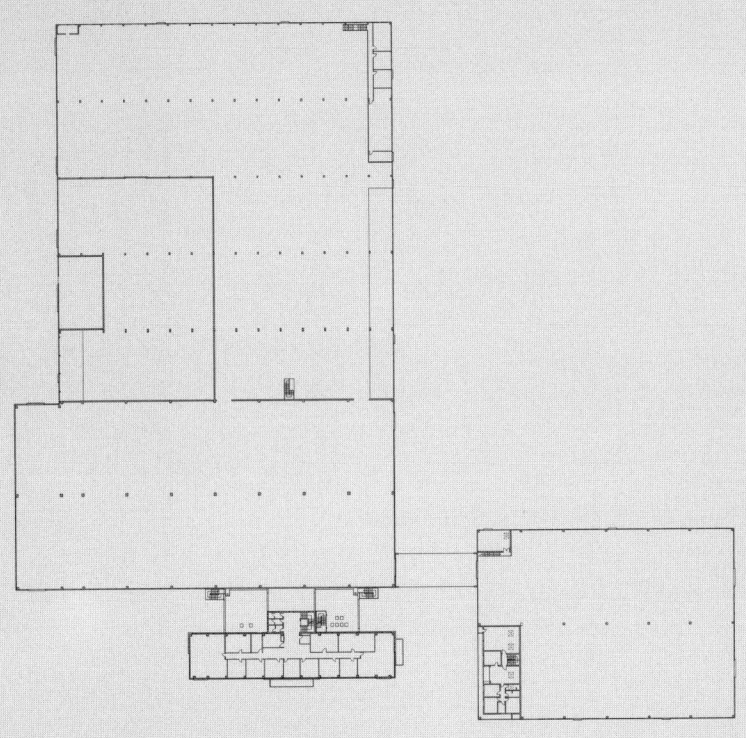

PIANO PRIMO

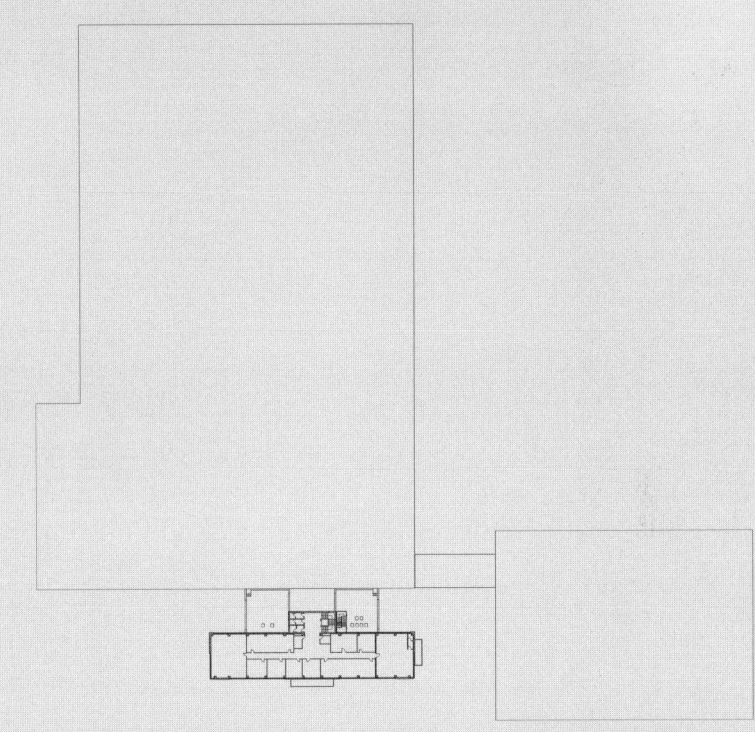

PIANO SECONDO

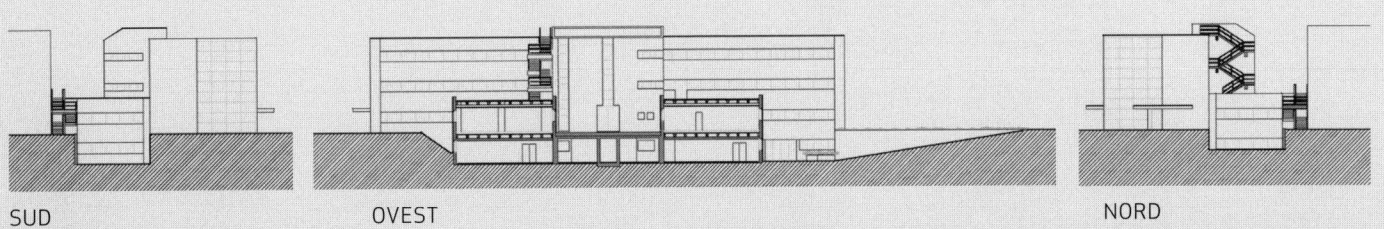

SUD OVEST NORD

CONCORSI / COMPETITIONS

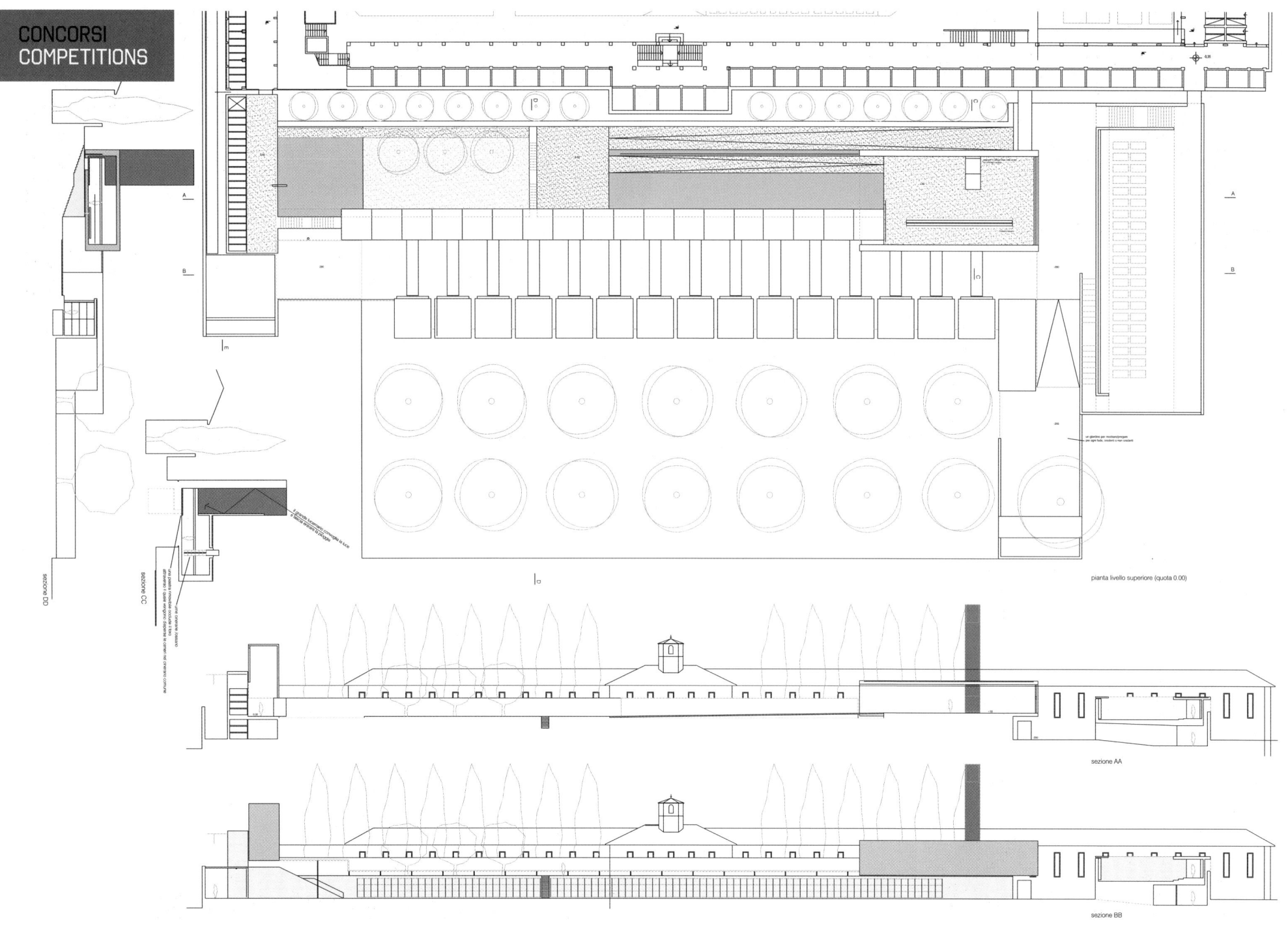

CIMITERO DI GOZZANO
CEMETERY OF GOZZANO
CONCORSO DI IDEE PER L'AMPLIAMENTO DEL CIMITERO DI GOZZANO
CONTEST OF IDEAS FOR THE EXPANSION OF THE CEMETERY OF GOZZANO

GOZZANO (NO), ITALY

Roberto Girardin, Robert Maddalena, Diego Chilò, Fabio Calore, Teresa Dardo
committenza: Comune di Gozzano (NO); **area:** 5000 mq; **intervento:** ampliamento cimitero; **anno:** 2005

Roberto Girardin, Robert Maddalena, Diego Chilò, Fabio Calore, Teresa Dardo
customer: Municipality of Gozzano (NO); **area:** 5000 sqm; **work:** cemetery expansion; **year:** 2005

L'intenzione è quella di creare un rapporto stretto con il preesistente, dato soprattutto dai percorsi che permettono al visitatore una molteplicità di scelte, ma allo stesso tempo gli suggeriscono la strada più adeguata per cogliere il significato del progetto.
Creare riservatezza attraverso muri e vegetazione, per portare alla riflessione sul significato della vita, è un altro degli aspetti che hanno dato forma al progetto.
Il nuovo cimitero ha un proprio "percorso d'ingresso" che invita il visitatore a entrare lentamente, mentre una pensilina ombreggiante lo accompagna lungo il percorso.
Una volta entrati ci si trova di fronte una lunga corte ove si affacciano diverse tombe e loculi, mentre un portico invita a proseguire. Il volume contenete il cinerario emerge in quanto unico elemento dai toni "forti" all'interno di un ambiente i cui colori spaziano dal bianco ai grigi. Da qui il visitatore inizia un percorso a spirale imboccando la rampa che affianca il vecchio cimitero, e giunto sulla terrazza soprastante, un lungo specchio d'acqua lo indirizza verso il cinerario comune.
Oltre a questo percorso principale, una serie di collegamenti mettono in relazione il vecchio col nuovo, mentre alcune scale facilitano il movimento all'interno dell'ampliamento.
Un "bosco geometrico" esterno al cimitero protegge dai rumori, creando un luogo di meditazione ma rendendo anche possibile un ampliamento futuro.

The intention here was to create a close relationship with the pre-existing elements, specified especially by the routes that allow the visitor a variety of choices, but at the same time suggest the most appropriate way to grasp the significance of the project.
Another aspect that shaped this project was the creation of privacy through the use of walls and vegetation, to help reflecting on the meaning of life.
The new cemetery has an 'entrance path' that invites the visitor to enter slowly, while a shade canopy accompanies him along the way.
Once inside you find yourself in front of a long court overlooking various tombs and burial cells, while a gallery invites you to continue. The part with cinerary is the only element with 'strong' tones in an environment whose colours range from white to gray. From here the visitor is set on a spiral path leading to the ramp that joins the old cemetery, and having arrived on the terrace above, a long stretch of water directs him to the public cinerary.
In addition to this main path, a series of connections link the old with the new, while some stairs facilitate movement within the expanded area.
A 'geometrical forest' outside the cemetery protects it from noise, creating a place of meditation but also making possible future expansion.

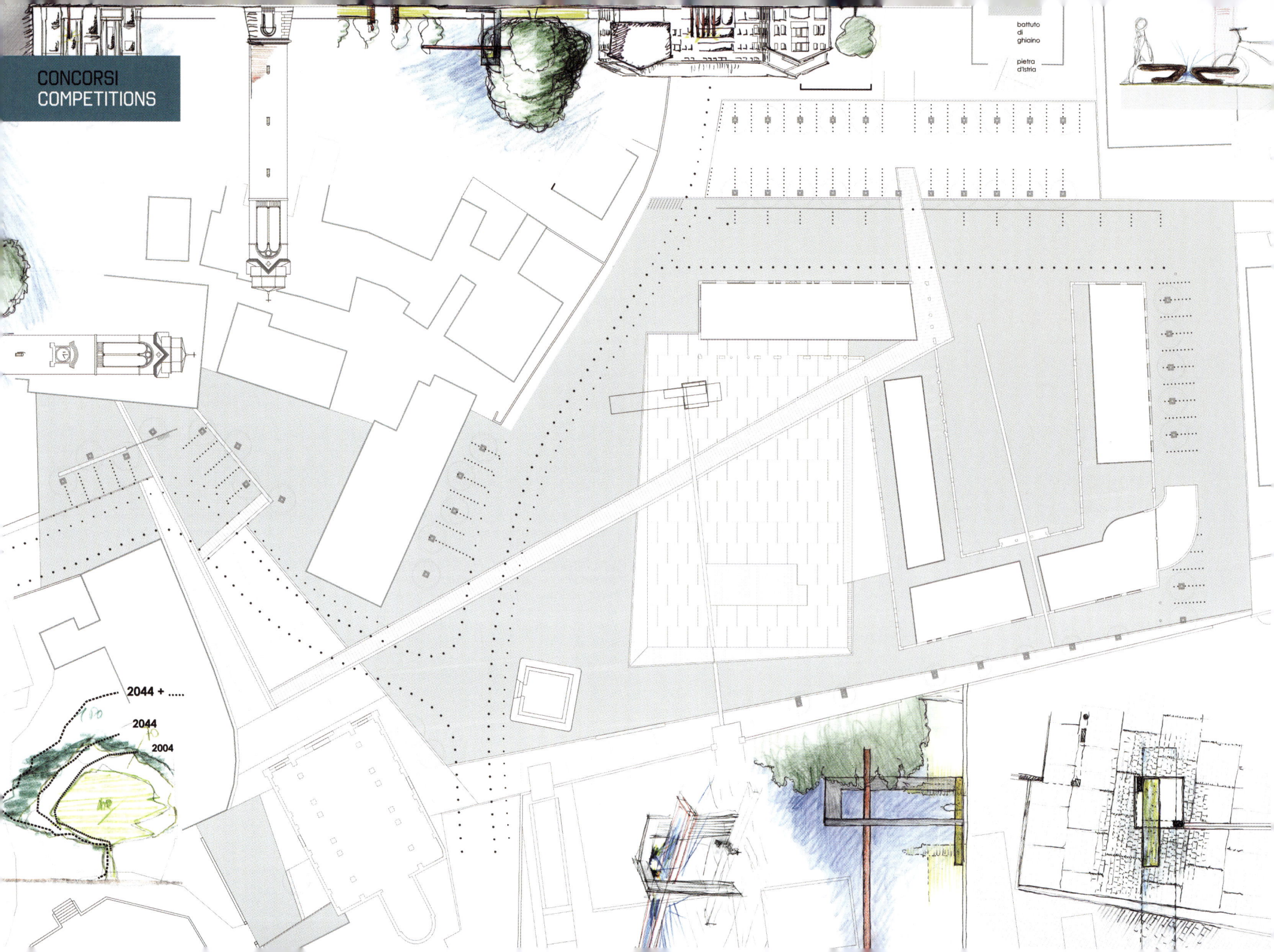

NUOVA PIAZZA DI CALDOGNO
NEW CALDOGNO SQUARE
CONCORSO DI IDEE PER LA REALIZZAZIONE DI DUE PIAZZE
IDEAS COMPETITION FOR THE CONSTRUCTION OF TWO SQUARES

CALDOGNO (VI), ITALY

Roberto Girardin, Robert Maddalena, Diego Chilò, Fabio Calore
committenza: Comune di Caldogno (VI); **area:** 14545 mq - 1° tema; **intervento:** sistemazione piazza e spazi aperti - 1° tema; **anno:** 2004

Roberto Girardin, Robert Maddalena, Diego Chilò, Fabio Calore
customer: Municipality of Caldogno (VI); **area:** 14545 sqm - theme 1; **work:** sort out the square and open spaces - theme 1; **year:** 2004

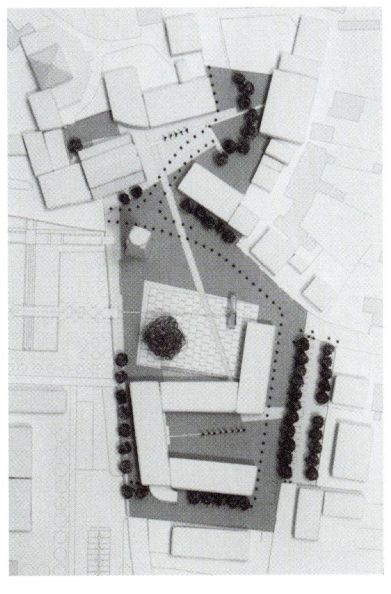

L'analisi del frammentato centro di Caldogno porta allo sviluppo di un'impostazione progettuale i cui punti cardine sono la ricerca di uno spazio urbano di qualità, capace di soddisfare da un lato le richieste impartite dal Comune di Caldogno (area mercato, piazza, parcheggi, ecc.) e dall'altro quello di creare una continuità fra i vari spazi, valorizzando alcuni importanti elementi architettonici presenti in tale contesto.

Gli elementi proposti per la riqualificazione dello spazio urbano sono la ricostruzione di un sagrato davanti alla chiesa, l'inserimento di un asse pedonale che saldi l'una con l'altra la serie di aree "libere" intercalate al costruito, la creazione di un vero spazio "piazza" e la gerarchizzazione dei percorsi dove viene privilegiata e protetta la movimentazione ciclo-pedonale, mantenendo i percorsi carrai e le aree a parcheggio verso i margini dell'area di intervento. I nuovi percorsi pedonali sono volutamente concepiti come assi di collegamento degli spazi e delle funzioni, mentre la nuova piazza nasce dalla necessità di identificare un'area geometricamente definita che entri direttamente in rapporto con gli edifici.

The analysis of the fragmented town centre of Caldogno lead to the development of design approach whose key points were looking for a quality urban space, able to satisfy both the demands issued by the Municipality of Caldogno (market area, square, parking lots, etc.) and the desire to create a continuity between the various spaces, emphasizing some important architectural elements present in this context.

The items proposed for the redevelopment of an urban space were the reconstruction of a church courtyard in front of the church, the construction of a pedestrian strip connecting together a number of 'free zones' intertwined with the construction zone, the creation of a real 'square' space and establishing a hierarchy of routes with prioritised and protected pedestrian and cycle traffic, keeping the driveways and parking areas at the edges of the construction zone. The new pedestrian routes were deliberately designed as connecting strips of spaces and functions, while the new square was created to satisfy the need to identify a geometrically defined area which fits directly with the buildings.

CAMPUS DEI LICEI
HIGHSCHOOL CAMPUS

CONCORSO DI PROGETTAZIONE PER IL DISEGNO DEGLI SPAZI APERTI E PER LA REALIZZAZIONE DI UN NUOVO AUDITORIUM E DI UN EDIFICIO PER SERVIZI
DESIGN COMPETITION FOR THE DESIGN OF OPEN SPACES AND FOR THE CONSTRUCTION OF A NEW AUDITORIUM AND A SERVICE BUILDING

SCHIO (VI), ITALY

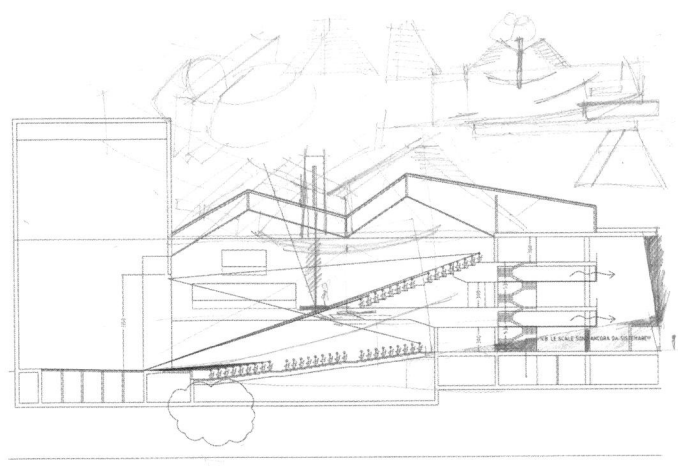

Tobia Scarpa (capogruppo), Adriano Lagrecacolonna, Diego Chilò, Emilio Maiorino, Fabio Calore, Fabio Rochesso, Giovanna Mar, Luca Lagrecacolonna, Roberto Girardin, Tecnobrevetti s.r.l., TiFS Ingegneria s.r.l.;
committenza: Comune di Schio (VI); **area:** 213000 mq; **intervento:** edificio per servizi - sup. coperta 2240 mq, sup. sviluppata 2850 mq, auditorium - sup. coperta 3200 mq, progettazione spazi aperti; **anno:** 2004

Tobia Scarpa (group leader), Adriano Lagrecacolonna, Diego Chilò, Emilio Maiorino, Fabio Calore, Fabio Rochesso, Giovanna Mar, Luca Lagrecacolonna, Roberto Girardin, Tecnobrevetti s.r.l., TiFS Ingegneria s.r.l.;
customer: Municipality of Schio (VI); **area:** 213000 sqm; **work:** the service building - covered area 2240 sqm, developed area 2850 sqm, auditorium - covered area 3200 sqm, design of open spaces; **year:** 2004

L'organizzazione degli spazi aperti del "Campus" è stata concepita come elemento capace di creare un tessuto connettivo in grado di legare assieme degli episodi edilizi fra loro disarticolati e delle aree ancora libere utilizzabili per la realizzazione di nuovi servizi.
Fulcro del progetto è il nuovo edificio ad uso Auditorium, ovvero una piccola piazza di fronte allo stesso da cui si dipartono una serie di segni verso tutte le direzioni del "Campus".
La riorganizzazione del "Campus" è passata attraverso la progettazione e la ridefinizione di una serie di elementi funzionali, tra i quali la viabilità automobilistica, i parcheggi, la rete ciclo-pedonale e le attrezzature sportive. L'edificio per servizi, con la sua forma semplice, concepita come la sovrapposizione di due parallelepipedi ruotati e leggermente slittati l'uno sull'altro, articola lo spazio esterno creando a terra un grande portico e al piano primo una grande terrazza. Lo spazio aperto del "Campus" si copre, entra in simbiosi con l'edificio.
Il progetto dell'auditorium, concepito come l'elemento generatore dell'organizzazione degli spazi aperti del "Campus", si compone di molteplici parti funzionali che creano una vera e propria complessità urbana rivolta a garantire un collegamento ed un'apertura dell'architettura del "Campus" alla città con una funzione differenziata con presenze diverse per interessi ed età.

The organization of the open spaces of the 'Campus' was conceived as an element capable of creating a connective infrastructure that can bind together the disjointed buildings between each other and the still free areas used for the creation of new services.
The centrepiece of the project is the new Auditorium building, that is a small square in front of it, from which a number of signs branches off in all directions of the 'Campus'.
The reorganization of the 'Campus' was based on the design and redefinition of a number of functional elements, including roads, parking lots, pedestrian and cycle network and sports equipment.
The services building, with its simple form, conceived as a superposition of two parallelepipeds rotated and shifted slightly with respect to each other, divides the outside space creating a large porch at the ground floor and a large terrace on the first floor. The open space of the 'Campus' is covered and comes into harmony with the building.
The auditorium project, conceived as the element that generated the organization of the open spaces of the 'Campus', is composed of multiple functional parts that create a real urban complexity geared to ensuring a link and an opening of the architecture of 'Campus' to the city with a multiple function with different appearances aimed at different interests and age.

In un'unica composizione complessa, ma semplicemente articolata, l'auditorium, il teatro, la sala espositiva, e gli spazi di aggregazione, sono spazi flessibili e indipendenti nel possibile utilizzo frazionato, unitari in caso di grandi e complesse manifestazioni culturali, musicali ed espositive.

In one complex, but simply articulated, composition, the auditorium, theatre, exhibition hall and aggregation areas, are flexible and independent spaces when they can be used separately, or integrated in case of large and complex cultural, musical and exhibition events.

Project	Location	Dates	Page
CASA BF	Monticello Conte Otto (VI)	2016	
CASA MP	Sarcedo (VI)	2015-2016	
MB SPA	Fara Vicentino (VI)	2012 - 2014	p.10
CASA GG	Sarcedo (VI)	2014-in corso	
LA NORDICA SPA	Montecchio Precalcino (VI)	2014	p.20
IMMOBILIARE CINQUE.GI SAS	Breganze (VI)	2013 - in corso	p.24
CANTINA BEATO BARTOLOMEO DI BREGANZE SCARL	Breganze (VI)	2013 - 2014	p.28
GOLF PROMOZIONI SPA SARCEDO - GOLF RESORT & SPA	Sarcedo (VI)	2012 - 2013	p.34
EXTRAFLAME SPA	Montecchio Precalcino (VI)	2013	
CASE C	Sarcedo (VI)	2012-2016	
EXTRAFLAME SPA	Montecchio Precalcino (VI)	2012 - 2014	p.36
ECOBETON SRL	Dueville (VI)	2012	
ARTIMECC SRL	Sarcedo (VI)	2012	p.40
CASA SM	San Vito di Leguzzano (VI)	2011-2012	
TESSPORT SPA	Thiene (VI)	2011 - 2012	p.46
STAND ECOBETON SRL	Bologna (VI)	2011	
CARIOLATO	Cornedo Vicentino (VI)	2011	
CASA SM	Thiene (VI)	2010-2016	p.50
A.E.G. DI GARBIN ANTONELLA & C. S.N.C.	Malo (VI)	2009 - 2012	
DALLA FONTANA VLADIMIRO E BORIS SAS	Breganze (VI)	2009	
STAND GROTTO SPA	Berlino	2009	
VALEX SPA	Schio (VI)	2009	
RESTAURO LIMONAIA	Gargnano (BS)	2008-2010	
MB SPA	Fara Vicentino (VI)	2008 - 2009	p.58
ENERGONUT SPA	Pozzilli (IS)	2008	
SPF SPA	Sarcedo (VI)	2008	
SHOWROOM GAS JEANS	Barcellona	2007	
GROTTO SPA	Milano	2007	
GROTTO SPA	Tunisia	2007	
SIRMEC IMPIANTI SRL	Breganze (VI)	2007 - 2008	p.64
VALEX SPA	Schio (VI)	2007	p.72
LA NORDICA SPA - EXTRAFLAME SPA	Breganze (VI)	2006 - 2007	p.76
GAS JEANS	Chiuppano (VI)	2006-2007	p.84
METALFOND SRL	Sarcedo (VI)	2006	
AUTOBASSANO SRL	Rosà (VI)	2006 - 2008	p.90
ROSABIANCA	Breganze (VI)	2005 - 2008	p.96
AUTOSTIMA SRL	Trento	2005 - 2006	p.104
TOP CAR SRL	Trento	2005 - 2006	
STAND ONO LUCE SRL	Milano	2005	
CONCORSO CIMITERO DI GOZZANO	Gozzano (NO)	2005	p.188
21 PARTECIPAZIONI HOLDING SRL	Zanè (VI)	2004 - 2008	p.110
DAL ZOTTO SPA	Fara Vicentino (VI)	2004 - 2006	p.116

CRONOLOGIA
CRONOLOGY

Project	Location	Page	Date
CASA RM	Fara Vicentino (VI)		2004
CONCORSO NUOVA PIAZZA DI CALDOGNO	Caldogno (VI)	p. 190	2004
CONCORSO CAMPUS DEI LICEI	Schio (VI)	p. 192	2004
TELWIN SPA	Villaverla (VI)	p. 128	2001-2004
RESTAURO CL	Sarcedo (VI)		2001-2002
CAR COPIE SRL	Padova		2000
EUROCRAFT SRL	Cagliari		2000
CASE ZA	Dueville (VI)		2000
CASA CL	Sarcedo (VI)		2000
GALVAUTO SRL	Schio (VI)	p. 142	1999-2004
MAIR RESEARCH SPA	Schio (VI)	p. 150	1999-2001
PROGETTO GUIDA SICURA SRL	Montecchio Precalcino (VI)	p. 160	1999-2000
CASA CL	Isola di Albarella (RO)		1999
CAR COPIE SRL	Roma		1998-1999
RESTAURO CHIESA S. ANDREA APOSTOLO	Sarcedo (VI)		1998-1999
VALEX SPA	Schio (VI)	p. 162	1996-1998
MAVEL SNC	Marano Vicentino (VI)	p. 172	1996
TELWIN SPA – TELCO SAS	Malo (VI)		1995-1997
CASA GF	Zugliano (VI)		1995
COMPLESSO SF	Thiene (VI)		1995
SPEROTTO SPA CARROZZERIE INDUSTRIALI	Sarcedo (VI)		1994-1996
CASA BC	Thiene (VI)		1993-1995
COSTRUZIONI SACCARDI SCARL	Lugo (VI)	p. 176	1993-1995
NEGOZIO "CHRIS & DESY"	Schio (VI)		1992
COMPLESSO IP	Zugliano (VI)		1994-2001
TELWIN	Villaverla (VI)	p. 180	1991-1994
NEGOZIO BONOMO OROLOGI SAS	Marostica (VI)		1991
CASA RG	Piovene Rocchette (VI)		1990-1992
TABACCHERIA GRIGIOFUMO	Zanè (VI)		1990
CASA CU	Fara Vicentino (VI)		1989-2000
ETERNI SPA	Sarcedo (VI)		1989-1990
NEGOZIO EGE ELECTRONICS	Thiene (VI)		1989-1990
SPAGHETTERIA RISTORANTE ALLA FONTANA	Molvena (VI)		1989
MUNARETTO LUCIANO	Carrè (VI)		1988-1990
RESTAURO SF	Fara Vicentino (VI)		1988
CASA VF	Pove del Grappa (VI)		1988
NEGOZIO KIWI	Sarcedo (VI)		1988
TESSITURA GALLIO	Sarcedo (VI)		1987-1990
ENOTECA MANES INGROS SAS	Thiene (VI)		1987-1988
BAR ANNA	Thiene (VI)		1987
NEGOZIO MARCHIORETTO	Sarcedo (VI)		1987
BAR MAGIC CUBO	Thiene (VI)		1986
CASE CFM	Montecchio Precalcino (VI)		1986

COLLABORATORI DAL 2000
CONSULTANTS FROM 2000

Chiara Canale
Robert Maddalena
Pierantonio Dalla Riva
Anna Cavedon
Lara Maschio
Alice Chilo'

PUBBLICAZIONI
PUBLICATIONS

M. Urettini, **L'arte come condivisione di emozioni**, in Acciaio Arte Architettura n. 50, Giugno 2012

A. Cavedon, **La limonaia ritrovata**, in Acciaio Arte Architettura n. 45, Marzo 2011

F. Carbone, **Quando la forma fa marketing**, su Il Sole 24 Ore Nord Est n. 36, 30 Settembre 2009

S. Bisson, **Territorio e Imprese. Principi per indirizzare la crescita**, volume promosso da Confindustria Vicenza con il contributo della Camera di Commercio di Vicenza, UTVI Tipolito Srl, Vicenza 2009

C. Centineo, **Rosabianca**, in Acciaio Arte Architettura n. 37, Marzo 2009

Innovation valley, ne Corriere del Veneto, 12 Febbraio 2009

S. Bisson, **Green Park - parchi in produzione**, pubblicazione Camera di Commercio e Confindustria Padova e INU Veneto, Tipolitografia Crivellaro S.n.c., Vigorovea (Pd), Settembre 2008

C+Partners, **Uno showroom che dialoga con lo spazio circostante**, in A+D+M n. 16, Giugno 2008

S. Bisson, **Sprint - studio per la riqualificazione industriale e territoriale della provincia di Vicenza**, pubblicazione Confindustria e Camera di Commercio di Vicenza, UTVI Tipolito S.r.l., Vicenza 2008

B. Dradser, **Occasioni per fare architettura**, in Accenni n. 5, Aprile 2008

Una mappa del veneto contemporaneo, ne Corriere del Veneto, 2007

M. Urettini, **Restauro e riprogettazione**, in Acciaio Arte Architettura n. 30, Giugno 2007

M. Urettini, **Il nuovo showroom Gas**, in Acciaio Arte Architettura n. 30, Giugno 2007

F. Conti, **Telwin, l'architettura da qualità al luogo di lavoro**, in Ingegneri e Costruttori n. 10/2006, Ottobre 2006

Boeken_livres, in Staal_Acier n. 11, Giugno 2006
P. Fanuzzi, Stabilimento e uffici Telwin, in Modulo n. 322, Giugno 2006

M. Alberti, **Nordest. Prove di dialogo fra architetture e capannoni**, in Of Arch n. 89, Marzo/Aprile 2006

M. Porra, **Architetture industriali nell'Alto Vicentino**, ne Il Giornale di Vicenza, 09 Marzo 2006

U.P.R. Publiadige, **Quando il progetto è forma**, in Speciale Edilizia, 31 Maggio 2005

A. Coppa, **Progettare i nuovi luoghi**, in Area n. 75, Luglio/Agosto 2004

M. E. Marano, **Dell'acciaio e dell'ombra**, in Acciaio Arte Architettura n. 18, Marzo 2004

Opel Galvauto, in **Referenze nel Mondo di Graniti Fiandre**, 2004

U.P.R. Publiadige, **Tre progetti come esempio**, ne Il Giornale di Vicenza, 04 Dicembre 2003

Architectural Envelopes - Interiors, Permasteelisa Group, edition 2003

G. Grecchi, **Mair Research building, quando l'architettura è comunicazione**, in ABCD n. 3, Maggio/Giugno 2002

C. Paganelli, **Trasparenza e memoria**, in L'Arca n. 169 – Aprile 2002

S. Tomasoni, **Ma quante belle imprese**, in Industria Vicentina n. 3, Settembre 2000

P. Prosperi, **Gli artigiani del prefabbricato**, in Precast n. 3/1996, Luglio 1996

Viaggio nei materiali, in Modulo n. 217, Dicembre/Gennaio 1995/1996

Muri, in Modulo n. 215, Ottobre 1995

P. Righetti, **Spazi per respirare con la testa**, in Industria Vicentina n. 1/95, Marzo 1995

La sagoma sfalsata, in Gran Bazaar n. 67, Aprile/Maggio 1989

Messaggio d'amore, in Gran Bazaar n. 66, Febbraio/Marzo 1989

MONOGRAFIE
MONOGRAPHS

R. Maddalena, Diego Chilò, Fabio Calore e Roberto Girardin. **Architetture Industriali**, Idea Architecture Books, Schio (VI), 2005

C. Seganfreddo, **Mair Project 02**, Tank Studio, Vicenza, 2002

V. Martini, **Un'architettura industriale. Sviluppo di un progetto**, Arti Grafiche Urbani, Sandrigo (VI), 1994

RICONOSCIMENTI E MOSTRE
AWARDS AND EXHIBITIONS

"ARCHITETTURE D'IMPRESA edifici industriali nella provincia di Vicenza 1998-2008" con i progetti *"Dal Zotto Spa"* e *"Telwin Spa"*, in Catalogo della mostra, Basilica Palladiana (VI), Dicembre 2009-Gennaio 2010

"Dedalo Minosse" Premio internazionale alla committenza di architettura – settima edizione 2007-2008 – i luoghi per il lavoro - con il progetto "Gas Jeans", in Catalogo della mostra, Palazzo Valmarana Braga (VI), Maggio-Agosto 2008

"Dedalo Minosse" Premio internazionale alla committenza di architettura – sesta edizione 2005-2006 – segnalazione della giuria - con il progetto "Telwin Spa", in Catalogo della mostra, Basilica Palladiana (VI) Giugno-Luglio 2006

CONFERENZE
LECTURES

Woodesign Arte Sella *"Dal cubo chiuso al cubo esploso"*, Trento 17 Luglio 2013

Italian contract & more *"Happy Business to you"*, Pordenone Fiere 14 Febbraio 2013

Corso di aggiornamento professionale su nuovi materiali da costruzione per la fondazione dell'ordine degli architetti, pianificatori, paesaggisti e conservatori della provincia di Vicenza *"L'involucro esterno degli edifici"*, Schio (VI) 18 maggio 2012

Giornata nazionale di studio *"Urban design & hotel industry – Rinnovare lo stock immobiliare alberghiero e attrarre nuovi investimenti"* Bologna 18 novembre 2011

Ciclo di conversazioni nell'ambito de *"I lunedì dell'architettura"* di In/Arch Veneto Borgoricco (PD), 31 maggio 2004

Per le traduzioni dei progetti si ringrazia
For the works's translation we thank
Zlatko Zimonjic

FOTOGRAFIE/PHOTOS

Giustino Chemello

Archivi fotografici dei progettisti
The designers' photo catalogue

PAESAGGI URBANI
URBAN LANDSCAPES

Giustino Chemello

Giustino Chemello nasce a Sandrigo nel 1950, vive e lavora a Vicenza.
Pone la contemplazione e la poesia come parti fondanti delle sue opere, la bellezza delle cose come la condizione della loro esistenza. Ha pubblicato "Perché tanta assenza di te non è più possibile", un'opera d'arte in forma di libro, composta da 99 singole opere d'arte. Ha esposto presso varie Gallerie nel mondo, tra cui alla Kunstakademie di Copenaghen, in Basilica Palladiana a Vicenza, a Palazzo Reale a Milano, alla Galleria Cavedagna di Napoli, al Mart di Rovereto (TN). Pensa che l'artista sia un tramite e che la sua opera gli appartenga quanto l'aria che respira.

www.giustinochemello.com

Giustino Chemello was born in Sandrigo in 1950 and lives and works in Vicenza.
Considers contemplation and poetry to be the fundamental parts of his works and beauty to be a condition for existence. He published "Perché tanta assenza di te non è più possibile" ("Why a lot of your absence is not possible"), a masterpiece in the form of a book consisting of 99 individual pieces of work of art. His works have been exposed at various galeries all around the world, amongst which in Kunstakademie of Copenaghen, in Basilica Palladiana in Vicenza, Palazzo Reale in Milan, Galleria Cavedagna in Naples, Mart in Rovereto (TN). He thinks that an artist is only an instrument and that his work belongs to him like the air he breaths.

LO SPAZIO SOSPESO DELL'ARTE VERSO L'ARCHITETTURA
THE SUSPENDED SPACE OF ART TOWARDS ARCHITECTURE

Arcangelo Sassolino

Dal 2003 Diego Chilò e lo studio C+Partners coordinano le grandi opere dello scultore Arcangelo Sassolino (1967) attraverso una stretta e personale collaborazione tecnico-costruttiva.

Since 2003 Diego Chilò and the C+Partners studio have been managing the great works of the sculptor Arcangelo Sassolino (1967) through a close and personal technical and constructive cooperation.

Arcangelo Sassolino nasce a Vicenza nel 1967, è cresciuto a Trissino (VI) dove vive e lavora.

I lavori di Arcangelo Sassolino originano da una compenetrazione di arte e fisica. Il suo interesse nella meccanica e nella tecnologia gli permette di confrontarsi con velocità, attrito e pressione, alla ricerca del limite ultimo di resistenza. Le sculture di Sassolino danno luogo a performance inorganiche dove le macchine si animano, si consumano, vivono contrasti di forze e conflitti intrinseci, dove la tensione al limite è costante fondamentale del lavoro. Attraverso le metamorfosi della materia, si traducono a livello visivo ma anche sonoro, concetti di caducità, imprevedibilità, conflitto, pericolo e fallimento, aspetti altrettanto ineludibili del nostro esistere.

Ha preso parte a importanti esposizioni personali e collettive presso gallerie e istituzioni artistiche di rilevanza internazionale sia in Italia che all'estero.

www.arcangelosassolino.it

Arcangelo Sassolino was born in Vicenza in 1967, and grew up in Trissino (VI) where he lives and works.

The works of Arcangelo Sassolino originate on principles of both art and physics. His interest in mechanics and technology allows him to confront velocity, friction and pressure in the pursuit of the ultimate limit of resistance. Sculptures of Sassolino stage an inorganic performance where machine become animated, get consumed and are subjected to a contrast between the force and intrinsic conflicts, where the tension at the limit is a fundamental constant of the work. The transience, unpredictability, conflict, danger and failure, the unavoidable aspects of our existence, get translated through the metamorphosis of the matter at the visual but also audio level.

He has taken part in important personal and collective exhibitions in galleries and important artistic institutions both in Italy and abroad.

Rimozione (2004)
Galleria ArteRicambi, Verona

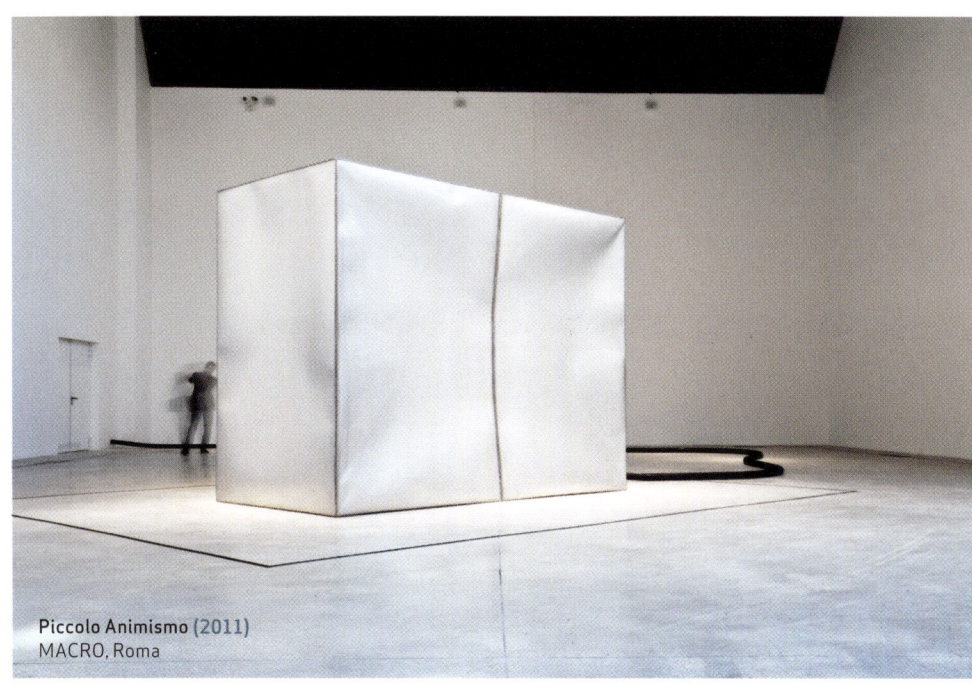

Piccolo Animismo (2011)
MACRO, Roma

Momento (2006)
Galleria Galica, Milano

Elisa (2012)
Art and the City, Zurigo

www.artimeccsrl.it   www.bertoldoimpianti.it   www.bianchinigiuseppe.com   www.ecobeton.it   www.edilklima.com

www.ergoprogetti.it   info@newiemme.it   www.lanordica-extraflame.com   www.lievoreserramenti.it   www.marmifaedo.com

www.mbcrusher.com   www.sipeprefabbricati.it   www.telwin.com   www.tessport.com   www.tomasicostruzioni.it

Pubblicato da/Published by
LISt Lab Laboratorio
Internazionale Editoriale
Via Esterle, 26
38100, Trento
Italy
info@listlab.eu
www.listlab.eu

Produzione/Production
GreenTrenDesign Factory
Piazza Manifattura, 1
38068 Rovereto (TN) - Italy
T: +39 0464 443427
info@greentrendesign.it

Direttore Editoriale/Editorial Director
Alessandro Franceschini

Assistente Editoriale/Editorial Assistant
Gioia Marana

Art Director
Massimiliano Scaglione

Graphic Design
Blacklist Creative Studio, Barcelona
blacklist-creative.com

Tutti i diritti riservati/All rights reserved
© dell'edizione LISt Lab/of the edition LISt Lab
© dei testi gli autori/of the texts the authors
© delle imagini gli autori/of the images, the authors

Stampato e rilegato in Unione Europea
Printed and bound in the European Union
2018

ISBN 9788898774326

Promozione e distribuzione in Italia
Promotion and distribution in Italy
Messaggerie Libri, Spa, Milano,
Numero verde 800.804.900
assistenza.ordini@meli.it;
amministrazione.vendite@meli.it

Promozione e distribuzione internazionale
International promotion and distribution
ACC, London

Comitato scientifico edizioni list
Scientific Board of the List Publishing
Eve Blau (Harvard GSD), Maurizio Carta (University of Palermo), Eva Castro (Architectural Association London) Alberto Clementi (University of Chieti), Alberto Cecchetto (University of Venezia), Stefano De Martino (University of Innsbruck), Corrado Diamantini (University of Trento), Antonio De Rossi (University of Torino), Franco Farinelli (University of Bologna), Carlo Gasparrini (University of Napoli), Manuel Gausa (University of Genova), Giovanni Maciocco (University of Sassari/Alghero), Antonio Paris (University of Roma), Mosè Ricci (University of Trento), Roger Riewe (University of Graz), Pino Scaglione (University of Trento).

LISt Lab è un Laboratorio editoriale, con sedi in Europa, che lavora intorno ai temi della contemporaneità. LISt Lab ricerca, propone, elabora, promuove, produce, mette in rete e non solo pubblica.

LISt Lab is an editorial workshop, based in Europe, that works on the contemporary issues. LISt Lab not only publishes, but also researches, proposes, promotes, LISt Lab produces, creates networks.

GreenTrenDesign Factory, member of Progetto Manifattura, struttura multipiattaforma, offre servizi avanzati di design. In equilibrio tra sostenibilità e qualità, manualità e sperimentazione digitale, la società opera in partnership con LISt Lab.

GreenTrenDesign Factory, member of Progetto Manifattura, multiplatform structure, provides advanced design services. In the balance between sustainability and quality, craftsmanship and digital experimentation, the company operates in partnership with LISt Lab.